작은 집 두 배 넓게 쓰는
수납이 좋아

SHUNO NO KIHON TO SHUKAN 333 NIGATE WO TOKUI NI SURU IDEA
ⓒBUNKA PUBLISHING BUREAU 2010
Originally published in Japan in 2010 by BUNKA PUBLISHING BUREAU, TOKYO,
Korean translation rights arranged through TOHAN CORPORATION, TOKYO.,
and BC Agency, SEOUL.

이 책의 한국어 판 저작권은 BC 에이전시를 통한 저작권자와의
독점 계약으로 포북출판사에 있습니다.
저작권법에 의해 한국 내에서 보호를 받는 저작물이므로
무단전재와 복제를 금합니다.

작은 집 두 배 넓게 쓰는
수납이 좋아

CONTENTS

프롤로그 ___ 06

PART 1 수납의 기본

Lesson 1 치우기에서 시작되는 수납의 룰 ___ 12
Lesson 1 나의 수납 스타일과 방법 찾기 ___ 20
Lesson 3 매일 쓰는 살림살이 정리 노하우 ___ 24

PART 2 주부가 꾸민 수납 실례집

Case 1 감추는 수납의 비밀이 숨어 있는 앤티크 하우스 ___ 38
Case 2 선반과 행어를 적극 활용해 보이는 수납에 도전한 내추럴 공간 ___ 50
Case 3 낡고 좁은 창고를 계획 수납으로 개조한 로프트 하우스 ___ 56
Case 4 생활 중심의 소박한 수납으로 돈들이지 않고 꾸민 알뜰 공간 ___ 64
Case 5 걸고, 세우고 쌓고! 수납이 곧 장식이 되는 이국적인 공간 ___ 70
Case 6 수납 도구까지 블랙 & 화이트로 통일, 보는 즐거움이 있는 스타일리시 홈 ___ 78
Case 7 기능적인 가구 배치로 트여 있는 공간에 개성과 질서를 담은 집 ___ 84
Case 8 시스템 수납의 멋과 기능이 돋보이는 아름다운 아파트 ___ 90

PART 3 공간별 수납 노하우

Living & Dining room
살림 많은 가족 공간, 품목에 맞게 분리 수납하는 것이 우선이다 ___ 98

Kitchen
감추는 수납과 보이는 수납을 병행하여 편리성을 높이는 것이 포인트 ___ 102

Bedroom
의류와 패션 소품의 기능적인 수납으로 좁은 공간의 문제를 극복한다 ___ 106

Bathroom
손 닿기 쉬운 가까운 장소에 찾기 편하게 정리하는 노하우를 찾는다 ___ 108

Kid's room
아이의 눈높이에 맞는 가구와 도구로 스스로 정리하는 즐거움을! ___ 112

Work space
보관할 품목을 최소한으로 줄여 비좁지만 쓰임새 높은 공간으로 완성! ___ 114

Entrance
넣기 쉽고, 꺼내기 편리한 신발 수납이 핵심이다 ___ 116

Do It Yourself
패널 판자와 값싼 선반장으로 만든 실용 만점 수납 도구 ___ 118

Tool
비좁은 공간의 문제를 해결하는 수납 도구 리스트 ___ 124

PART 4 찾아 쓰기 쉬운 품목별 수납 계획

Lesson 1 동선을 고려한 '계획 수납'의 원칙 ___ 130
Lesson 2 옷장 수납 계획 ___ 134
Lesson 3 붙박이장 수납 계획 ___ 140

PART 5 수납의 달인이 되는 기본 습관

Lesson 1 정돈된 공간을 가질 수 없는 진짜 이유를 찾아라 ___ 148
Lesson 2 쇼핑 전에 '생각하는 습관'을 가져라 ___ 150
Lesson 3 '반짝 정리'를 습관화하라 ___ 152
Lesson 4 라이프스타일에 맞춰 합리적인 정리 스케줄을 짜라 ___ 156
Lesson 5 수납 장소는 늘 청결하게 유지하라 ___ 158

All about Storage

집은 비좁고, 살림은 넘쳐나고…
무슨 방법이 없을까요?

How about?

누구나 바라는 소망 중의 하나는 '정리가 잘된 쾌적한 공간에서 살고 싶다…'라는 것. 그도 그럴 것이 우리의 생활을 돌아보면 구석구석 정리가 안 된 물건들로 가득하다. 대체 왜 그럴까? 그림처럼 깔끔하게, 시스템화된 수납공간을 만들 수는 없는 것일까? 마음먹고 정리를 해도 그때뿐, 금세 다시 어질러지기 십상인 데다 수납공간이 턱없이 부족하다고 느끼는 경우라면 올바른 수납법을 잘 알고 있지 못할 확률이 크다. 일시적인 정리가 아니라 근본적인 수납 대책을 세워야만 마음먹은 그대로의 꿈같은 수납이 가능해지는 것이다.

수납은 결코 어려운 것이 아니다. 이 많은 물건들을 어느 곳으로 치워야 하지? 어떻게 정리할까? 조금만 더

Don't worry!

신중하게 생각하고 공부한다면 어떤 공간에서 생활하더라도 수납 고민을 해결할 수 있다. 성공 수납의 요령은 처음부터 무리 없이 정리를 시작하는 데 있다. 굳이 완벽 수납을 감행할 필요는 없다. 자신의 라이프스타일과 시간, 생활 습관에 맞춰 적절히, 요령 있게 조금씩 치우면서 생활하면 된다.

이 책은 우리의 생활을 쾌적하게 해주는 기본 수납법과 이를 효과적으로 실천할 수 있는 풍부한 아이디어들을 가득 담고 있다. 아무리 비좁은 공간이라도, 수납 요령만 잘 알고 있다면 항상 여유롭고 기분 좋은 생활을 누릴 수 있을 것이다.

Lesson 1

치우기에서 시작되는 수납의 룰
필요한 물건과 버려야 할 물건부터 추려내는 것이 중요하다

수납의 기본은 정리에서 시작된다. 그러나 널려 있는 물건을 어딘가에 수납하기 전, 필요한 물건과 버려야 할 물건을 추려내는 것이 우선이다. 오랫동안 갖고 있으면서도 사용하지 않는 물건이 있다면 과감히 버리고 시작하는 것이 수납의 기본 룰이다. 필요 없는 물건을 처리하지 못하고 집 안에 쌓아둘수록 정리 시간도 길어지고 수납공간도 점점 좁아지게 된다. 지금까지 수납 문제로 고민을 하고 있다면, 우선 필요 없는 물건을 골라내 버리는 일부터 시작해 보자.

정리 정돈은 무리하지 말고 조금씩!

step 1

**공간과 시간을 적절하게 배분하여
욕심 내지 말고 조금씩 정리하자**

정리정돈을 못하는 사람들의 공통된 특징은 한없이 방치해 두었다가 한꺼번에 해결을 보려고 한다는 점이다. 한 번에 정리를 끝낸다는 것은 누구에게나 스트레스다. 많은 시간을 들여 한꺼번에 정리하는 것보다는 하루 15분씩이라도 좋으니 그날그날의 상황에 맞춰 시간과 공간을 정해 놓고, 조금씩 하면 부담 없이 가볍게 일을 끝낼 수 있다. 정리는 우선 필요 없는 물건을 버리는 것부터 시작. 이 방법은 수납에 필요한 시간을 절약시켜 줄 뿐 아니라 필요 이상으로 주위에 물건을 널어놓지 않아도 되고, 일하는 시간도 단축시켜 준다.

좁은 범위에서부터 차근차근 수납을 시작하면 생각보다 한결 빠르고 손쉽게 일을 진행할 수 있다. 이 룰을 반복하다 보면 어느새 넓은 공간의 수납도 부담 없이 끝낼 수 있다.

집 안이 어질러져 있는 경우, 가장 많이 널려 있는 아이템부터 골라내 정리하자. 눈에 띄게 정리되는 것 같은 느낌을 주기 때문에 크게 스트레스를 받지 않고도 일을 마칠 수 있다.

아이템별로 분류해서 진행하면 쉽고도 기계적으로 정리할 수 있다

다양한 물건들이 널려 있어, 어느 것부터 정리해야 할지 모를 경우에는 우선 의류나 책, 장난감 등 아이템별로 나눠 놓는다. 여기에 품목별 수납 장소를 미리 정해 놓으면, 짧은 시간 안에 동선을 줄여가며 정리를 마칠 수 있다. 특히 눈에 쉽게 띄는 부피가 큰 아이템이나 가장 많이 널려 있는 물건부터 정리하면 일이 빨리 진행되는 것 같은 느낌을 주기 때문에 끝날 때까지 즐거운 기분으로 일할 수 있다.

사용할 물건과 버릴 물건 나누기

step 2

깊게 생각하지 말고 5초 안에 '사용할 것'과 '버릴 것' '재고할 것'으로 나눈다

앞에서도 말했듯이 정리의 기본은 사용할 물건과 버릴 것을 추려내는 일. 정리 시간을 줄이고 수납을 쉽게 하는 포인트는 이 판단을 5초 안에 마쳐야 한다는 것이다. 꼭 필요한 물건과 버려도 아쉬울 것 없는 물건은 순간적인 판단이 가능하다. 문제는 사용하지도 않으면서 버리기 아까워 '모셔두고' 있는 물건들. 이번에도 '모셔두고' 있는 물건들을 과감히 정리하지 못해 끌탕을 하고 있다면 다음 방법을 활용해 보자. 우선 정리를 시작하기 전에 봉투 3개를 준비하여, '사용할 것' '버릴 것' '재고할 것'으로 용도를 나눠 놓는다. 그다음 정리할 물건을 기계적으로 판단하여 각각의 해당 봉투에 담는다. 분류가 끝나면 가장 먼저 '버릴 것'의 봉투에 담긴 것들을 처분하고, '사용할 것'에 담긴 물건들을 수납한다. 마지막으로 '재고할 것'에 담긴 것들을 버릴 자신이 없으면, 일단 모아 두었다가 더 이상 사용하지 않는다고 판단되면 처분하도록 한다.

본격적인 정리를 시작하기 전에 우선, 큼지막한 상자나 봉투 3개를 준비하여 '사용할 것'과 '버릴 것' '재고할 것'으로 용도를 나눠놓고 시작해보자. 이렇게 미리 분류한 뒤 정리하면 한결 체계적으로, 힘들이지 않으면서 빠른 시간 안에 원하던 수납을 완성할 수 있다.

가족들의 물건을 처분할 때는 본인 판단을 존중해서 결정한다

독신으로 살고 있다면 사용할 물건과 버릴 물건을 자유롭게 판단할 수 있지만 주부로서 가족과 함께 살고 있다면 식구들 각자의 판단에 맡기도록 배려하는 것이 기본이다. 설령 남편은 물론 아이들이 취미로 모으고 있는 물건 중에서 버리고 싶은 것이 많다고 해도 절대로 혼자 판단해서 처리하는 것은 금물. 특히 아이들의 물건 중에는 어른의 눈으로 보기에는 하찮은 것처럼 보여도 정작 아이 당사자에게는 매우 소중한 것들이 많다. 가족의 취향을 존중하고, 각자의 판단에 맡겨 정리하도록 권유하는 것이 수납과 화목을 동시에 얻는 방법이다.

가족들의 물건을 정리할 경우, 버릴 물건과 계속 사용할 물건은 각자의 판단에 맡기는 것이 중요하다. 엄마나 아내라고 해서 본인들의 의사도 물어보지 않고 마음대로 처리하는 것은 룰 위반이다.

'재고할 것' 봉투에 담긴 물건은 이렇게 정리!

step 3

마지막으로 한 번 더 사용해 본 후 버릴 것을 결정한다

어느 집이나 마찬가지로 집안을 유심히 둘러보면 쓰지도 않으면서, 그렇다고 버리지도 못하고 무작정 '모셔두고' 있는 물건들이 얼마나 많은지 알 수 있게 된다. 이런 물건들이 쌓여갈수록 정리 시간이 길어지고 수납공간이 좁아지는 것은 당연한 이치. 그렇기 때문에 이제 더 이상은 견딜 수 없겠다는 어느 시점이 오면 더 이상의 인내심을 발휘하지 말고 반드시 처분하는 것이 요령이다. 이럴 때, 정리의 포인트는 마지막으로 한 번 더 사용해 보고 버릴 물건을 결정하는 것이다. 예를 들어 의상이라면 실제로 그 옷을 입고 외출을 시도해 볼 것. 아까워서 버리지 못하고 있던 옷이라도 외출 시 '역시 처분해야겠어!'라는 생각이 든다면 미련 없이 버리도록 하자. 장시간 사용하지 않는 조리 도구들도 이와 마찬가지다. 지금 사용하지 않는 도구라면 무겁거나 쓰기에 번거롭거나 어딘가 불편한 점이 있기 때문이다. 그래도 버리기 아깝다면 원하는 사람을 찾아 나눠주는 것도 좋은 방법이다.

그래도 버릴 수 없다면 기간을 정한 뒤 처분하자

의상이나 조리 기구 등을 마지막으로 사용해 본 후에도 결정을 내리기 어렵다면 좀 더 시간을 갖고 생각해 보자. 좋은 방법은 이들을 손이 쉽게 닿지 않는 곳에 보관해 놓고 6개월 또는 1, 2년이라는 기간을 정한 후 그때 가서 다시 한 번 판단해 보는 것이다. 만약 이때도 버리기 어렵다면 다시 기간을 연장하고, 장시간이 흘러도 끝내 사용하지 않게 된다면 그때는 미련 없이 버리도록 하자.

불필요한 물건들을 과감히 버리고 나면 공간을 얼마나 잘못 사용하고 있었는지 확실히 깨닫게 된다

집이 비좁다고 불평을 하면서도 정작 그 집이 왜 그렇게까지 복잡해졌는지는 생각하기 싫어 하는 것이 일반적이다. 하지만 여기에서 말한 방법처럼 조금만 정리해도 확실히 넓고 시원해진 공간을 만날 수 있게 될 것이다. 그러므로 차일피일 미루던 마음을 과감히 접고, 하루라도 빨리 체계적인 정리에 도전하자.

무엇부터 버려야 할까? 버리는 타이밍을 결정하는 포인트

의류
- 사이즈가 맞지 않는다.
- 왠지 얼굴 분위기와 어울리지 않는 것 같아서 입지 않고 있다.
- 최근 몇 년 동안 한 번도 입은 적이 없다.

구두·백
- 구두가 발에 맞지 않아 불편하다.
- 파손 부위가 생겨서 신지 않는다.
- 손질하지 않고 그대로 방치해 둔 지 꽤 오래 되었지만 그냥 가지고 있다.

식기
- 금이 가거나 파손된 부분이 있다.
- 깊숙한 곳에 보관해 평소에는 이런 그릇이 있는지조차 모르고 지낸다.
- 사용할 때 불편한 점이 있거나 마땅히 사용할 곳이 없다.

사용할 수 없는 물건은 지금 당장 처분하기

step 4

유효 기간이 지난 식품이나 화장품은 더 이상 미루지 말고 즉시 처분한다

유효 기간이 정해져 있는 식품이나 화장품 등을 버리지 못하고 그대로 사용하는 사람들이 의외로 많다. 특히 식품보다 화장품류는 유효 기간에 무관심한 것이 보통이다. 그러나 겉으로는 괜찮은 것처럼 보여도 방심했다가는 피부에 트러블이 생기는 등 예상치 못한 큰 화를 입을 수도 있으므로 주의가 필요하다. 일반적으로 기초 화장품의 유효 기간은 반년에서 1년, 메이크업 제품은 개봉·미개봉에 상관없이 구입 후 2~3년 안에 사용하는 것이 원칙이다. 유효 기간에 사용하고 남은 제품은 버리기 아깝더라도 안전을 생각하여 반드시 처분하도록 한다.

파손되거나 사용 시 불편한 물건들은 즉각 수리를 하거나 자선 단체에 기부한다

의외로 쉽게 버려지지 않는 아이템 중 하나가 고장난 가전제품이다. 고장 나거나 파손된 가전제품을 수리하지 않고 한쪽 구석에 쌓아놓고 지내는 것도 집 안 정리를 방해하는 요인 중 하나다. 만약 이런 물건들이 지금도 어딘가에 방치되어 있다면 곧 수리를 해서 사용하거나 수리가 어렵다면 즉각 처분하도록 한다. 또한 성능은 우수한데 본인이 사용하기 불편한 물건이 있다면, 그대로 두지 말고 필요로 하는 곳을 찾아 기부하거나 리사이클 숍에 의뢰하는 것도 좋은 방법이다.

사용하던 물건을 효과적으로 처분할 수 있는 곳

자선 바자
무료로 기부할 물건이 많은 경우라면 NPO(비영리 조직)나 지자체, 학교 등에서 개최하는 자선 바자에 내놓는다. 단, 신품이나 미사용 물건만을 원하는 경우도 있으므로 미리 주최 측에 연락을 취한 후 결정한다.

벼룩시장
평소 벼룩시장에 관한 정보를 충분히 수집해 놓았다가 처분할 물건이 생기면 이를 적극 활용하는 것도 효과적인 방법이다. 경우에 따라 자릿세를 요구하는 곳도 있으므로 미리 확인해 보는 것이 좋다.

인터넷 시장
손쉽게 중고품을 사고팔 수 있는 인터넷 시장도 있다. 인터넷 시장의 가장 큰 매력은 24시간 물건을 사고팔 수 있다는 점. 우선 자신에게 적합한 사이트를 찾아 실험적으로 판매를 해본 후 구체적인 계획을 세우도록 한다.

리사이클링 숍
리사이클링 숍에는 의상이나 가전제품 등 한 가지 품목만 전문적으로 취급하는 곳도 있고, 물건을 가리지 않고 전부 취급하는 곳도 있다. 수수료만 내면 파손된 물건을 수리하여 판매해 주는 경우도 있으므로 인터넷 등에서 정보를 얻어 적극 활용하도록 한다.

짐 늘리는 사재기 습관 버리기

step 5

일정한 규칙을 정해 놓고 불필요한 이중 구매를 삼갈 것

장기간 보관해도 상하지 않는 세제나 랩 등의 일용품은 세일 때마다 구입해 두는 경우가 많다. 이런 습관은 수납공간을 좁게 만들 뿐 아니라 이중 구매의 원인이 되기도 한다. 쇼핑을 할 때는 수납 장소에 맞춰 필요한 양만큼 구입하는 것이 원칙. 집 안에 같은 물건이 차고 넘치면 절대 쾌적한 생활을 누릴 수 없으므로 쇼핑의 규칙을 세워 세일의 유혹에서 벗어날 필요가 있다.

정해진 수납 장소에 들어갈 수 있는 양만큼 물건을 구입하는 것이 이중 구매를 방지하는 방법. 물건과 공간을 낭비 없이 활용하는 것이 쾌적한 생활을 유지하는 첫째 조건이다.

쇼핑 봉투나 식기류 등은 필요한 양만큼만 꺼내놓고 사용한다

어디나 살림살이들이 차고 넘치지만 그 중에서도 가장 문제가 되는 곳은 바로 주방이다. 복잡한 주방에서도 특히 넘쳐나는 것이 쇼핑을 할 때마다 받는 봉투와 식기류. 이 소소한 살림들을 제대로 치워놓지 못하면 왠지 어수선한 느낌을 지울 수가 없다. 우선 쇼핑 봉투는 사이즈별로 분류해서 필요한 만큼만 보관하고 나머지는 즉시 처분하자. 식기류 역시 자주 사용하는 것과 명절, 손님용으로 꼭 필요한 것들만 남기고 정리하는 게 바람직하다. 주방에 쇼핑 봉투가 흘러넘치고, 평소 쓰지 않는 식기류들이 가득하다면 일정한 룰을 정해 놓고 버리도록 하여 주방을 좀 가볍게 만들어보자.

주방 소품은 용도를 생각한 후 필요한 만큼만 보관하는 것이 원칙. 넘치거나 자주 사용하지 않는 물건들은 결국 처분해야 할 것들이므로 지체하지 말고 정리하는 것이 현명하다.

광고지나 우편물 등은 현관 주위에 쌓아두지 말고 받는 즉시 정리하여 처분하는 습관을 들인다. 현관 가까이에 휴지통을 놓는 것도 좋은 아이디어.

쌓이는 종이류는 그때그때 처분

step 6

광고지나 명세서 등은 받는 즉시 정리한다
광고지나 카드 대금 명세서 등은 그때그때 정리하지 않으면 금방 수북이 쌓이게 된다. 카드 대금 명세서나 세금 영수증 등은 내용 확인을 위해 일정 기간 보관해야 할 것만 남기고 나머지는 찢어서 버린다. 매일 집으로 배달되는 광고지 등은 잘라서 메모지로 활용하거나 받는 즉시 처분한다.

신문이나 잡지는 스크랩할 부분만 남기고 구독 후 처분
신문과 잡지도 구독 후엔 곧바로 처분한다. 만약 스크랩할 내용이 있으면 미루지 말고 읽은 후 곧바로 잘라서 파일 등에 끼워 넣는다. 시간적으로 매일 스크랩하기 곤란한 경우엔 주말 등 자신에게 편한 시간을 정해 일괄적으로 정리하는 것도 좋은 방법이다.

최신 정보를 전달하는 책일수록 쌓아두지 말 것
여행이나 쇼핑, 금융 상품 등 최신 정보를 다루는 책은 오래 보관할수록 낡은 정보를 끼고 사는 셈이 된다. 이런 정보 관련 서적을 쌓아두고 지낼 경우 적어도 발행일이 3년 이상 지난 책들은 책장을 정리할 때마다 조금씩 처분하도록 한다. 버리기 아깝다면 원하는 도서관 등에 기증하거나 헌책방에 갖고 나가 파는 방법도 있다.

추억의 소품은 규칙을 정해 놓고 정리하기
step 7

사진이나 비디오는 상태가 선명한 것들만 보관
지나간 추억 때문에 사진이나 비디오를 정리하지 못하고 모두 끌어안고 사는 사람들이 많은데, 상태가 양호한 것들만 남기고 나머지는 차츰 처분하도록 하자. 아무리 소중한 기록이라도 상태가 좋지 않아 어디에 무엇이 있는지 정확히 보이지 않는다면 자료로서의 가치가 없기 때문이다. 비슷비슷한 사진이 여러 장 있다면 선명하고 자신이 가장 좋아하는 모습이 담긴 것만 남기고, 비디오 등의 영상도 원하는 부분만 편집하여 보관하면 수납의 부담을 훨씬 줄일 수 있다.

마음에 들지 않는 선물이라면 감사의 마음만 간직한 뒤 처분한다
자신의 취향에 맞지 않는 선물도 취급 곤란 품목에 속한다. 집에 두어도 자리만 차지할 뿐, 훗날 선물을 준 사람한테 크게 실례가 되지 않는다면 감사의 마음만 간직하고 정리하도록 하자. 한 번도 사용하지 않은 경우라면 자선 단체에 기부하거나 리사이클링 숍을 이용해 재사용 방법을 모색해 보는 것도 좋을 듯.

아이들 물건은 우선 본인 의사를 확인한 뒤 정리한다
자녀의 출산이나 성장 기록을 적은 일기나 사진, 그림 등도 쉽게 정리하지 못하는 물건 중 하나다. 수납이 곤란할 정도로 차고 넘친다면 아이의 의사를 확인한 후 서서히 정리하도록 하자. 우선 수납 장소에 맞춰 아이가 갖고 싶은 순서로 물건을 고르게 한 후, 호감도가 낮은 것부터 정리해 나간다. 사진이나 그림 중 버리기 아까운 것이 많다면 집 안 곳곳에 적극적으로 장식해 두는 것도 좋은 방법.

자녀들의 물건은 스스로 선택하여 꼭 필요한 것만 보관하게 하면 정리하는 방법까지도 자연스럽게 깨우쳐줄 수 있다.

Lesson 2

나의 수납 스타일과 방법 찾기
보이는 수납과 감추는 수납! 편리성에 중점을 두고 수납한다

수납 스타일은 일반적으로 오픈형의 '보이는 수납'과 닫힌 형의 '감추는 수납'으로 나눌 수 있다. 소유하고 있는 물건이나 공간 상태에 따라 어느 스타일을 선택해도 무방하다. 예를 들어, 밖으로 보이고 싶지 않은 물건은 감추는 수납을 하고, 장식 효과가 있는 것은 보이는 수납을 하는 등 같은 종류의 물건이라도 상황에 맞게 정리하면 된다. 이때 반드시 잊지 말아야 할 것이 사용의 편리성이다. 장식 효과가 높아 오픈형 수납을 했을 경우, 꺼내 쓰기 불편한 곳에 놓여 있다면 사용 빈도가 떨어지게 마련이다. 반대로 자주 사용해야 할 물건을 감추는 수납으로 깊은 곳에 보관하는 것도 이와 마찬가지다. 수납은 어떤 방법으로 정리하는가도 중요하지만 편리성을 중시해야 한다는 점을 잊지 말자.

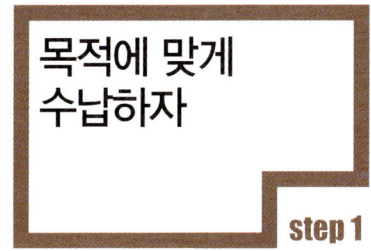

목적에 맞게 수납하자

step 1

3가지 패턴을 정해두고 짜임새 있게 정리한다

수납을 할 때는 각각의 물건에 맞는 수납 방법을 찾는 것이 요령이다. 마구잡이로 치워놓고 나면 얼마 지나지 않아 다시 정리해야 하는 상황이 발생하기 십상인 까닭이다. 수납 방법은 크게 세 가지로 나눌 수 있다. 수납장을 이용하는 방법, 서랍에 접어넣는 방법, 걸어두는 방법 등이 바로 그것. 식기나 책 등 단순 정렬이 가능한 품목이라면 찬장이나 책장에 가지런히 정리하고, 속옷과 같이 보이고 싶지 않은 소품들은 서랍 속에 차곡차곡! 조리 기구처럼 자주 쓰는 것들은 손이 닿기 쉬운 곳에 걸어놓고 사용하면 편리하다. 이외에도 개인의 취향이나 개성에 따라 다른 수납법을 택할 수도 있겠지만 무엇보다 사용하기 편하게 수납해야 한다는 점을 명심하자. 넣고 꺼내는 일이 불편한 정리법이라면 좋은 수납이라고 말할 수 없다. 뿐만 아니라 치우는 스트레스만 받을 뿐 깨끗한 공간을 오래 유지할 수 없다는 것을 기억하자.

미적 감각을 살려 수납하는 것도 중요하다

앞서 말했듯이 수납은 사용의 편리성을 감안하여 보관하는 것이 우선이다. 그러나 문짝이 없는 오픈 타입의 수납을 해야 하는 경우에는 체계적으로 수납하는 것 못지않게 미적인 감각을 살려서 수납하는 것도 중요하다. 그 한 예로 걸어두고 사용하는 물건들을 꼽을 수 있는데 흔히 주방 소품이나 생활용품 등이 바로 이런 경우에 해당된다. 눈에 잘 띄는 곳에 있으니 쓰기 좋고, 많이 걸어둘 수 있어서 편리할 수는 있지만 산만한 인상을 주기 십상. 이럴 때는 미적 효과를 다시 한 번 고려해 볼 필요가 있다. 같은 물건이라도 아이디어 하나로 얼마든지 맵시 있게 수납할 수 있기 때문이다. 한편 서랍이나 수납장 등을 이용하여 보이지 않는 수납을 할 경우에도 안의 내용물들이 흐트러지지 않도록 용도에 맞게 칸을 나눠 정리하는 것이 방법. 조금 귀찮아도 이렇게 정리해야 질서를 유지하는, 찾아 쓰기 쉬운 수납이 가능해지는 까닭이다.

수납장
스타일이 다양하고, 수납 품목이나 용도에 맞춰 자유롭게 선택할 수 있는 가구. 안길이가 깊은 것을 선택하면 구석까지 남김없이 수납할 수 있으므로 활용도가 매우 높다.

서랍장
자잘한 소품이나 밖으로 보이고 싶지 않은 물건들을 수납하는 데 좋다. 안에 든 내용물이 흐트러지지 않도록 적당히 칸을 나눠 사용하는 것이 포인트.

다용도 걸이
사용이 간편하고 장소도 많이 차지하지 않아 주방 및 현관, 욕실 등에 설치해 놓으면 편리. 빈번하게 사용하는 물건이나 길이가 길어 수납하기 불편한 것들을 걸어놓는 데도 적당.

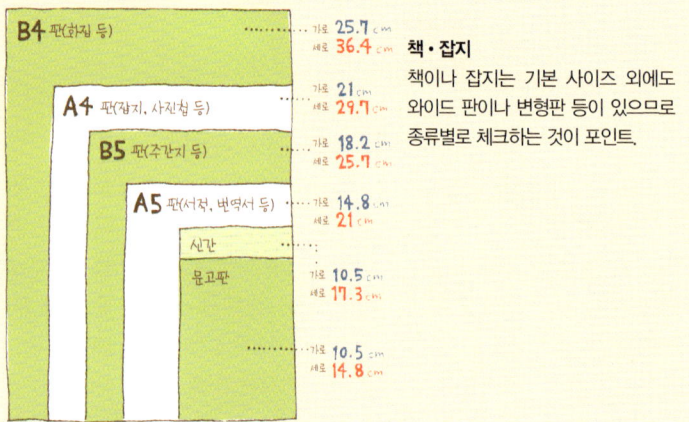

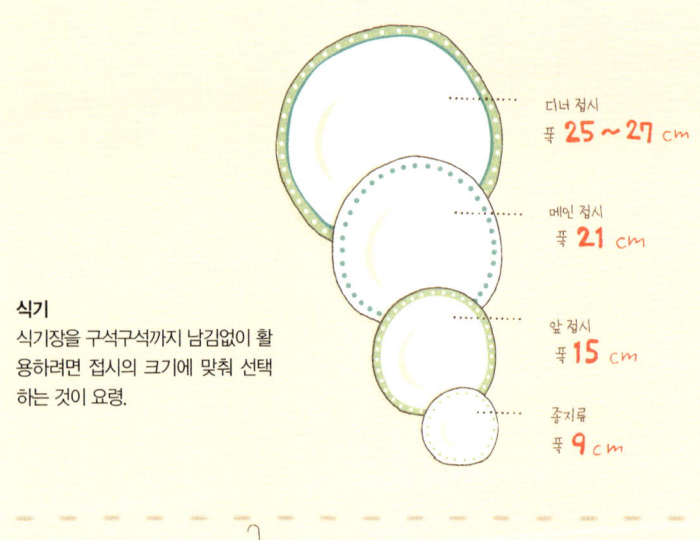

공간의 넓이에 따라 수납량을 결정하자

step 2

살림살이는 집의 공간에 맞춰 일정량을 유지하는 것이 중요하다

늘 어수선한 공간 속에 파묻힌 채로 수납 때문에 골머리를 앓고 있는 사람들 중 대부분은 '집이 너무 좁다' '수납공간이 비좁다'라고 말한다. 그러나 곰곰 생각해 보면 집이 좁은 것이 아니라 공간의 넓이에 비해 물건이 너무 많은 것이 이유다. 이렇게 살림살이를 끼고 사는 경우라면 넓은 집으로 이사를 한다고 해도 똑같은 상황이 벌어지기 십상이다. 그러므로 일상생활에서 즐겨 쓰는, 꼭 필요한 물건만 남기고 처분하는 것이 요령. 우선 버릴 것부터 처분하고 그래도 모자라면 새로운 수납 장소를 생각해 보는 것이 좋다.

수납할 물건의 크기와 분량을 정확하게 파악한 뒤 가구를 골라야 실패가 없다

비좁은 공간 안에서 어렵게 수납 장소를 확보한다고 해도 물건 크기와 맞지 않아 보관이 불가능하다면 소용없는 일이다. 실속 있는 수납을 위해서는 우선 물건의 크기와 양을 정확히 파악한 후 시작해야 실패가 없다. 특히 책이나 잡지, 의류, 접시 등을 보관할 수납장을 구입할 때는 수납할 물건의 사이즈를 정확히 파악한 후 선택하는 것이 필수다. 책의 높이, 접시의 길이 등 칸칸이 끼워넣을 물건에 맞는 폭으로 가구를 선택해야 쓰기 편한 수납이 가능해진다.

수납량은 80% 정도가 적당하다

step 3

수납공간에 여유가 있으면 예고 없이 손님이 찾아와도 당황하지 않고 옷이나 소품을 깨끗하게 보관해 둘 수 있다.

**넣고 꺼내기 편한 수납을 하려면
수납량은 70~80% 정도 유지하자**

현명한 수납법은 공간에 빈틈없이 물건을 채우는 것이 아니라 넣고 꺼내기 쉽게 약간의 여유 공간을 남겨 두는 것. 이를 위해서는 수납량을 70~80% 정도 유지하는 게 좋다. 옷장의 경우, 옷들이 너무 빼곡하게 차 있으면 원하는 아이템을 찾는 데 시간이 걸리고, 구김이 많아 꺼낼 때마다 다림질을 해야 하는 번거로움이 따른다. 특히나 고가의 물건을 장기간 흠 없이 보관하고 싶다면 여유 공간을 남겨 두는 것을 명심하자. 많은 양을 수납하는 것보다 더 중요한 일은 필요한 것을 가장 최적의 상태로 수납하는 것임을 잊지 말자.

**수납 가구나 박스 등을 계획 없이
구입하는 것은 삼간다**

집 안에 물건이 늘어난다고 수납 가구 등을 무심코 구입하는 사람들은 주의가 필요. 우선 수납할 물건의 양을 정확히 파악한 후 꼭 필요한 것만 남기고 나머지는 처분하는 습관을 들이면 굳이 새 수납 가구를 장만할 필요가 없다.

또한 편리하다는 이유만으로 수납 용품들을 자꾸 구입하다 보면 오히려 집 안에 물건을 쌓아두는 결과를 초래하기 쉽다. 수납의 최종 목적은 쾌적한 생활을 누리는 데 있으므로 가능하면 물건을 잘 버릴 수 있는 쪽으로 신경을 써보자.

무작정 수납 가구를 구입하다 보면 활동 장소가 좁아지고, 집 안에 불필요한 물건만 늘리는 결과를 초래하기 십상. 쾌적한 생활은 정리하기 편한 환경을 만드는 데서부터 시작한다.

Lesson 3

매일 쓰는 살림살이 정리 노하우
사용 빈도수가 높은 아이템일수록 룰을 만들어 정리해두는 것이 요령이다

창고 같은 집을 바라보며 매일매일 한숨을 쉬면서도 마음먹고 정리하는 일에 도전하기란 쉽지 않다. 반대로 무작정 정리를 시작했다가도 잔뜩 늘어놓기만 하고는 중도에 포기하고 마는 경우도 허다하다. 이런 상황을 생각해보면 수납이란 쉬운 것 같으면서도 까다로운 작업이라는 것을 알게 된다. 집을 고칠 때 반드시 계획을 세우는 것처럼, 살림살이를 정리하는 일에도 나름대로의 계획과 규칙이 필요하게 마련. 특히 중요한 것은 매일 쓰는 물건들을 얼마나 효율적으로 정리할 것인가, 하는 일이다. 매일 입는 옷을 제대로 접어서 보관하는 방법만 알아도 공간을 한결 넉넉하게 활용하면서 쓰기 편하게 수납할 수 있다. 이처럼, 품목마다 가장 최적의 상태로 보관할 수 있는 수납 노하우가 있게 마련. 즐겨 쓰는 살림살이들의 품목별 노하우를 살펴보고, 그 방법에 따라 정리를 시작해보자. 한 번 치우면 오래도록 유지되는 깔끔하고 체계적인 수납에 성공하는 지름길이 바로 이것이다.

step 1 의류 접는 법 배우기

[기본]

옷의 뒤판이 위로 오게 놓는다.

↓

소매와 어깨가 연결되는 부분의 중간 정도에서 세로로 접은 뒤, 소맷부리를 밑단에 맞춘다.

↓

반대쪽 소매도 같은 방법으로 접는다.

↓

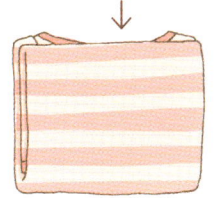

밑단에서부터 몸판을 3등분으로 나누어 접는다.

↓

옷의 앞판을 위로 오게 한 뒤, 옷 전체를 정돈한다.

[콤팩트하게 접기]

서랍의 높이와 폭에 맞춰서 접으면 더욱 많은 분량의 옷을 수납할 수 있다.

↓

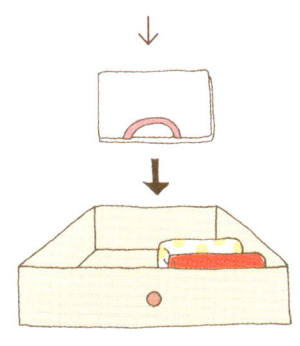

꺼내 입기 쉽게 하려면 접은 부위가 위쪽으로 오도록 수납하는 것이 좋다.

[둥글게 말아 접기]

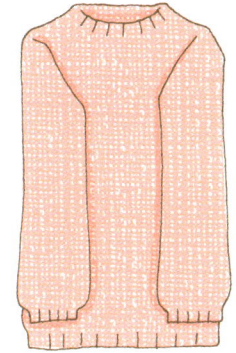

옷의 앞판 쪽으로 양 소매를 접는다.

↓

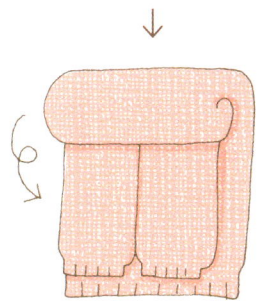

네크라인이나 칼라가 있는 부분에서부터 시작해 둥글게 말아 접는다.

step 2 아이템별 접는 요령

[셔츠]

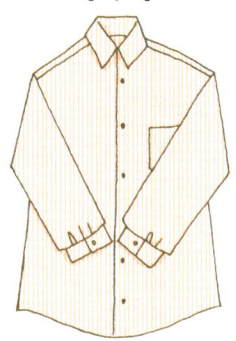

칼라의 형태가 망가지지 않도록 단추를 하나 풀어두거나 모두 잠근다.

폴로셔츠는 칼라의 빳빳함을 보존하기 위해 칼라는 세우고 단추는 모두 잠그는 게 좋다.

[파카]

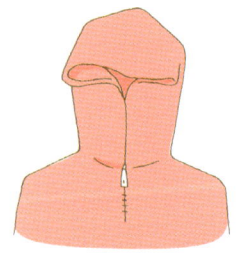

후드의 형태에 맞춰 3각형 모양으로 접는다.

↓

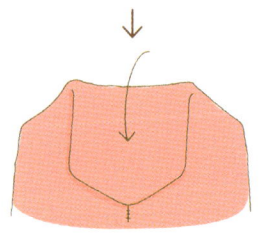

접은 후드 부분을 앞으로 오게 하면 간편하게 수납할 수 있다.

[팬츠]

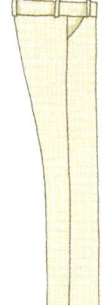

양옆의 세로 선이 중앙에 오게 맞춘다. 다림질이 필요한 바지는 가능하면 접은 부분이 눈에 띄지 않도록 신경 써서 접는다.

↓

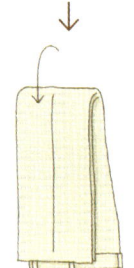

밑단에서부터 2~3등분으로 나눠 접는다.

↓

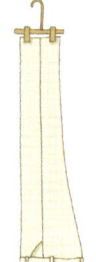

행어에 건다. 밑단을 합해 행어에 거꾸로 걸어 놓으면 주름이 펴지는 효과도 얻을 수 있다.

[원피스 · 스커트]

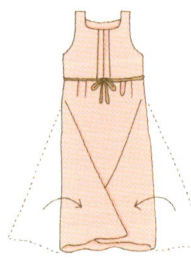

플레어 원피스는 수납 박스나 서랍의 폭에 맞춰 밑단의 좌우를 안쪽으로 접은 뒤, 밑단에서부터 2~3등분으로 나눠 접는다.

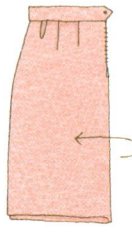

스커트는 지퍼를 연 뒤, 지퍼를 기준으로 세로로 양쪽을 포개 그대로 수납한다.

[진]

지퍼 부분을 중심으로 하여 세로로 양쪽을 포갠다.

↓

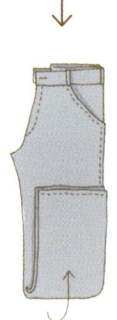

수납공간에 맞춰 밑단에서부터 2~3등분으로 나눠 접는다.

↓

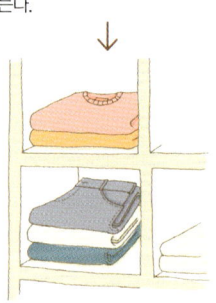

접은 면이 앞쪽으로 오게 포개 놓으면 꺼내기 쉽다.

[쇼츠]

세로로 3등분하여 접는다.

↓

OR

3등분으로 접은 상태에서 가로로 반으로 접거나 둥글게 만다.

[브래지어]

반으로 접은 뒤 컵을 포개 놓는다.

↓

양쪽의 컵을 잘 맞춘 뒤, 끈을 가지런히 모아 컵의 들어간 부분에 집어넣는다.

[슬립]

가로 방향으로 반으로 접는다.

↓

다시 한 번 반으로 접는다.

↓

어깨 끈과 함께 세로로 3등분으로 나눠 접는다.

[코트]

칼라와 어깨선이 망가지는 것을 방지하기 위해 양쪽 칼라 밑에 핸드 타월을 집어넣는다. 소매는 양쪽 모두 앞판의 중앙선에 오게 맞춰 놓는다.

↓

코트의 밑단에서부터 2~3등분으로 나눠 접는다.

[트렁크팬티]

세로로 포개 접는다.

↓

다시 한 번 세로로 접어 1/4 사이즈로 만든다.

↓

수납장에 맞춰 밑단에서부터 2~3등분으로 나눠 접어 길이를 조절한다.

[스타킹]

세로로 양쪽을 포개 길게 접는다.

↓

밑에서부터 2등분으로 접은 뒤, 다시 한 번 2등분으로 접는다.

↓

둥글게 말아 허리의 고무 부분을 뒤집어 전체를 감싸준다.

[양말]

두 짝을 포갠 뒤, 3등분하여 접는다.

↓

고무 부분을 뒤집어 전체를 감싸준다.

스니커 삭스는 두 짝을 포갠 뒤, 3등분하여 접는다. 하이 삭스는 두 짝을 포개 반으로 접고, 다시 반으로 접어 1/4 길이로 만든다.

[재킷]

주름지는 것을 방지하기 위해 칼라는 세우고 단추는 풀어놓는다.

↓

모양이 망가지지 않게 칼라 부분이 밑단에 오게 접어 그대로 수납한다.

step 3 반드시 알아두어야 할 의류 손질 방법

얼룩 제거의 기본

① 물을 한 방울 떨어뜨려 얼룩의 성질을 파악한다. 물이 스며들면 수성 얼룩, 스며들지 않고 튀어 오르면 유성 얼룩이다.

② 얼룩 아래에 천이나 타월을 깔고 브러시 등으로 부드럽게 두드려 가며 얼룩을 제거한다.

③ 마른 타월로 수분을 깨끗이 닦아낸 뒤, 자연 건조시킨다.

행어 선택의 포인트 코트나 슈트 등 주름이 지거나 형이 망가질 염려가 있는 아이템은 두께가 있는 행어에 걸어놓는다. 상의용 행어는 어깨 폭이 실제 옷의 패드보다 약 10mm 정도 좁고, 어깨 끝이 앞쪽으로 부드럽게 커브가 진 것을 선택한다. 두께가 얇은 와이어 행어는 많은 양의 옷을 수납할 수 있지만 옷의 형태가 망가지는 원인이 될 수 있으므로 주의가 필요하다.

귀가 후는 습기와 먼지를 제거 하루 종일 입고 있던 옷에는 많은 양의 먼지가 붙어 있기 마련이다. 귀가 후에는 옷 전체를 솔질하여 먼지를 털어내고, 통풍이 좋은 곳에서 습기를 제거한 후 옷장에 수납하면 곰팡이가 생기는 것을 방지할 수 있다.

드라이클리닝을 마친 옷은 비닐 커버를 벗겨 드라이클리닝에서 찾아온 옷은 씌워 놓은 비닐을 걷어내고 통풍이 잘 되는 곳에서 얼마간 보관한 후 수납한다. 이렇게 하면 드라이클리닝의 세정 후 사용하는 드라이 용제를 충분히 건조시킬 수 있고, 비닐 안의 습기에 의해 곰팡이가 생기는 것을 예방할 수 있다.

부직포 등의 커버로 먼지를 차단 장기간 옷장에 보관해야 하는 옷들도 적지 않다. 이렇게 오래 보관하면 옷장 안이라고 해도 시간이 흐를수록 먼지가 앉게 되므로 통풍이 좋은 천이나 부직포로 만든 커버를 씌워두는 것이 좋다. 단, 한 장의 의류 커버로 한 벌의 옷을 씌우는 것이 원칙.

옷에 얼룩이 묻었을 경우 얼룩 제거는 빠르면 빠를수록 좋다. 귀가 후 옷을 갈아입기 전에 항상 얼룩을 체크하고, 집에서 제거하기 어려운 얼룩이나 민감한 소재의 옷은 무리하지 말고 즉시 전문점에 맡기도록 한다.

얼룩의 종류와 제거법

성질	원인	제거법
수용성	차・커피・간장・주스・알코올	우선 물을 묻힌 칫솔로 두드려 가면서 뺀다. 그래도 얼룩이 제거되지 않으면 세제 용액을 칫솔에 묻혀 두드려가며 뺀다.
	혈액	우선 물을 묻힌 칫솔로 두드려 뺀다. 얼룩이 제거되지 않으면 염소계 또는 산소계 표백제 용액을 칫솔에 묻혀 두드려 뺀다.
유성	파운데이션・립스틱・헤어 오일・초콜릿	칫솔에 세제 원액을 묻혀 두드려 빼거나 얼룩 부위만 따로 잡고 세탁한다.
	카레・드레싱	칫솔에 세제 원액을 묻혀 두드려 빼거나 얼룩 부위만 따로 잡고 세탁한다. 염소계 또는 산소계 표백제 용액에 담가 둔다.
	볼펜・매직잉크・크레파스	벤젠을 칫솔에 묻혀 두드리고, 알코올 또는 주거용 세제로 두드려 준다.
기타	흙탕물	세제 용액을 칫솔에 묻혀 두드려가며 뺀다. 얼룩이 제거되지 않으면 환원형 표백제 용액에 담가 놓는다.

step 4 옷을 장기간 보관할 때의 포인트

[방충제는 옷 위쪽에 둔다]

방충제의 기화 가스는 공기보다 무겁기 때문에 방충제를 수납장에 사용할 때는 의류 위쪽에 두는 것이 기본이다. 가스는 아래로 모이기 때문에 실크나 캐시미어 등 민감한 소재의 옷은 수납장 위쪽에, 면이나 화학섬유의 옷은 아래쪽에 수납한다. 수납 박스에 옷을 보관할 경우 방충제를 뚜껑 안쪽에 테이프로 부착시키는 것도 좋은 방법이다. 옷을 행어에 걸어 옷장에 보관할 때는 간격을 일정하게 유지하여 걸어 놓으면 방충 효과가 전체적으로 골고루 미치게 된다. 밀폐성이 높은 장소에 방충제를 너무 많이 넣어 옷을 보관하면 포화 상태가 되거나 방충제가 재결정화 되어 의류에 부착하는 경우가 있다. 또한 옷을 너무 많이 수납해도 가스 소통이 원활하지 않기 때문에 주의가 필요하다.

[자주 사용하는 방충제 종류]

장뇌 천연 장목에서 얻은 성분으로 곰팡이 예방 효과가 크다. 민감한 소재의 옷을 보관할 때 사용하면 좋다.
파라디클로로벤젠 효과가 빠르고 냄새가 빨리 퍼지기 때문에 일상적으로 입는 의류에 적당. 모, 실크, 합성섬유, 면 등에 사용할 수 있다.
나프탈렌 장기간 보관하는 옷에 적합. 모, 실크, 모피, 합성섬유, 가죽, 면 소재의 옷에 두루 사용할 수 있다.
피레스로이드 냄새가 없는 방충제로 다른 종류의 방충제와 함께 사용할 수 있다. 마, 실크, 합성섬유, 가죽 소재의 옷에 적당.

[민감한 소재는 수납장 위쪽에 둔다]

실크 · 캐시미어
양모 · 앙고라
면 · 마 · 레이온

수 납 케 이 스 의 소 재 와 특 징

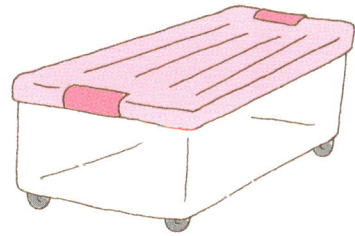

플라스틱 가볍고 경제적 부담이 적은 것이 매력. 더러워지면 세탁할 수 있는 것도 큰 장점이다. 단, 통기성이 나빠 습기가 차면 빠지기 어렵고, 열에 약하고 정전기가 발생하기 쉬운 단점이 있다.

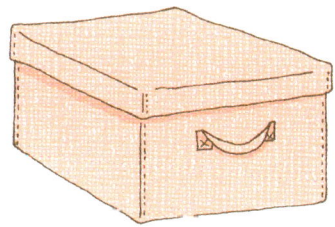

천 가벼워서 손으로 옮기기 좋다. 다양한 디자인의 천으로 만들 수 있기 때문에 장식 효과가 높고, 가격도 비교적 싼 편이다. 단, 때가 쉽게 타고 습기가 많은 곳에 두면 곰팡이가 피기 쉬운 것이 단점.

종이 · 골판지 가볍고 옮기기 쉬우며 디자인 효과가 크다. 가격도 저렴하며 수납 도구로서 통일성을 유지할 수 있다. 단, 수납량이 너무 많으면 파손될 위험이 있으므로 적량을 지키는 것이 좋다.

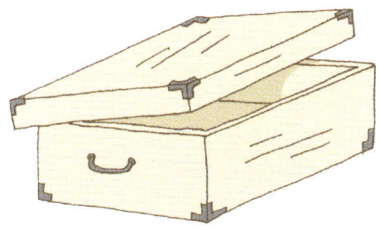

목재 통기성이 좋고 내구성이 강한 것이 장점. 목재의 종류에 따라 색다른 분위기를 즐길 수 있는 것도 매력. 오동나무로 만든 것은 습기에 강하고 방충 효과도 높지만 가격이 비싼 것이 단점이다.

step 5 구두·핸드백 손질과 수납

[소재별 손질 포인트]

합성 가죽·비닐 평상시는 브러시로 손질하고, 때가 심하게 낀 경우는 물에 적셔 꼭 짠 타월로 문질러준다. 오염이 제거되지 않으면 전용 클리너로 다시 한 번 시도해 본다. 빛깔이 바랜 부위에는 크림을 발라준다.

나일론 통째로 세탁하면 방수 코팅이 떨어지기도 하고 이음매 부분이나 나일론 자체가 수축되어 모양이 망가질 가능성이 높다. 때가 낀 경우는 플라스틱 고무지우개로 닦아낸다.

에나멜 표면에 상처가 나지 않도록 부드러운 솔로 먼지 등을 털어낸다. 에나멜 전용 크림을 천에 묻혀 전체적으로 바른 다음, 마른 헝겊으로 가볍게 힘을 주어 닦아준다.

광택이 나는 가죽 브러시로 먼지 등을 털어낸 뒤, 전용 클리너로 오염물이나 묵은 때를 닦아낸다. 평소의 손질은 전용 크림을 전체적으로 얇게 펴 바른 후 마른 헝겊으로 닦으면서 광택을 낸다.

기모 소재(스웨이드·누박) 기모 전용의 브러시로 표면에 상처가 나지 않게 부드럽게 브러싱한다. 누워 있는 털은 세우고 털의 방향을 일정하게 정리해 준다. 쉽게 없어지지 않는 오염은 천연 고무지우개를 사용하여 제거한다.

천연 가죽 상처가 쉽게 날 수 있는 소재이므로 주의해서 다룬다. 브러시로 먼지를 털어낸 뒤, 전용 클리너를 헝겊에 묻혀 부드럽게 닦아준다. 클리너가 마르면 부드러운 천으로 문질러 광택을 내고 마무리로 방수 스프레이를 뿌려준다.

망사 모가 촘촘하게 하게 박힌 브러시로 망 사이사이에 낀 먼지 등을 깨끗하게 털어내고 액체 타입의 클리너로 오염을 제거한다. 망사로 된 소재는 특히 먼지가 쉽게 끼기 때문에 항상 세심한 손질이 필요하다.

천 중성세제를 푼 물이나 더운물이 담긴 대야에 담고 브러시로 오염을 닦아낸다. 오염이 심한 경우는 약 1시간 정도 담근 후 세탁한다. 물에 충분히 헹군 다음 통풍이 잘되는 그늘에서 말린다.

[가죽 구두]

하루 신은 구두는 다음 날 신지 않는 것을 원칙으로 한다. 형이 망가지지 않도록 제습, 제균, 방취 효과가 있는 슈 키퍼를 구두 안에 넣어 보관한다.

계절이 지난 구두는 가능하면 천 주머니나 종이 상자에 넣어 수납한다. 이때 구두 전용의 제습제와 방취제를 함께 넣고, 습기가 적고 통풍이 잘 되는 곳에서 보관한다.

[부츠]

걸을 때 생긴 주름은 손으로 잡아당겨 깔끔하게 펴고, 스타일을 아름답게 유지시켜 주는 부츠 키퍼를 안에 넣어 보관한다.

양쪽의 부츠를 전용 고리를 이용하여 함께 집어 걸어둔다. 부츠 자체의 중력에 의해 주름이 자연스럽게 펴지고, 형태를 그대로 보존해 준다. 또한 지면에서 떨어져 있기 때문에 습기가 찰 염려가 별로 없다.

[핸드백]

형태가 망가지지 않도록 백 속에 신문지를 둘둘 말아 넣어준다. 이때 신문지의 잉크가 백에 묻지 않도록 얇은 습자지나 부직포 등으로 신문을 싸서 넣는 것이 포인트.

버클이나 잠금장치 등의 금속류는 상처가 나지 않도록 천으로 감싸준다. 손잡이 역시 천으로 둥글게 감아준다.

step 6 모자·액세서리 손질과 수납

[형이 망가지는 것을 방지하기 위해서는…]

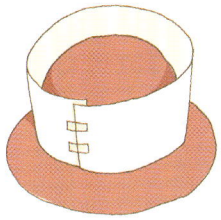 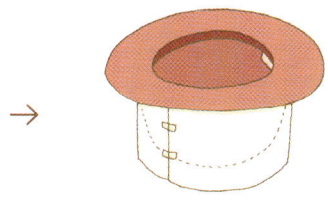

실제 모자 높이보다 약간 높은 원통형의 종이를 머리 둘레에 둘러준다. 모자와 종이 사이에 부드러운 스펀지나 천을 끼워 넣으면 모자에 종이 자국이 남지 않는다.

종이로 두른 모자를 거꾸로 놓고 보관하면 모자의 차양에 탄력이 생겨 형태를 아름답게 유지해 준다.

[그 밖의 소재]
물빨래가 가능한 소재는 세탁용 약알칼리성 세제를 엷게 푼 물로 세탁한다. 펠트나 기모 소재는 털의 방향에 따라 브러싱하고, 오염은 전용 클리너로 제거한다.

[맥고모자]

브러시로 사이사이에 낀 먼지를 깨끗하게 털어내고, 오염이 심한 부분만 물로 닦아준다.

↓

땀이나 기름때가 끼기 쉬운 안쪽 벨트는 부드러운 천에 중성세제를 약간 묻혀 오염을 제거한다. 마무리로 물에 꼭 짠 헝겊으로 세제가 남아 있지 않도록 닦아준다.

↓

통풍이 잘 되는 그늘에서 충분히 말린다. 형이 망가지지 않도록 머리 부분에 맞는 바구니 등을 같이 넣고 말려도 OK!

[주얼리(오팔을 제외한 원석)]

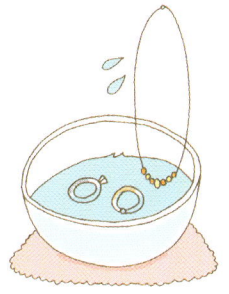

더운물에 소량의 중성세제를 떨어뜨린 뒤, 5~10분 정도 담가 놓는다.

↓

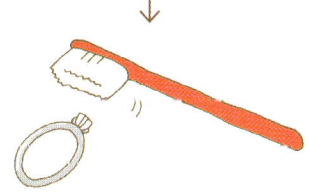

부드러운 칫솔 등으로 가볍게 닦아주거나 면봉, 이쑤시개 등으로 세밀한 부분의 오염을 제거한다.

↓

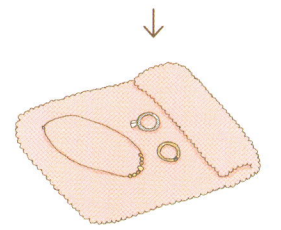

부드러운 천이나 티슈로 물기를 제거하고 그늘에서 건조시킨다.

[주얼리는 여유를 두고 보관]

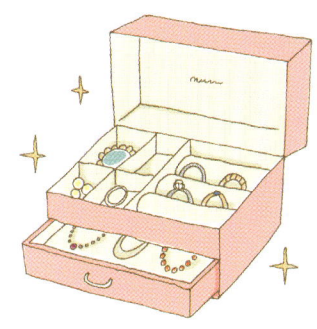

전용 주얼리 케이스나 작은 비닐봉지에 조금씩 나눠 보관하면 상처가 생기는 것을 방지할 수 있다.

[그 밖의 소재]
실버 산화하여 검은색을 띠면 중조를 묻힌 칫솔로 부드럽게 문지르거나 시판하는 실버 전용 클리너로 닦아준다. 변색을 사전에 막아주는 전용 클리너도 있다.

진주 산에 약해 변색되기 쉬우므로 사용 후는 부드러운 헝겊으로 꼼꼼히 닦아준다. 또한 흠이 잘 생기기 때문에 다른 주얼리와 섞지 말고 단독으로 보관한다.

step 7 침구 손질과 수납

이부자리 접는 법

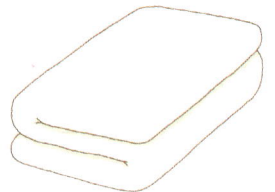

3등분하여 접는다 가장 일반적인 방법으로 일상적으로 사용하는 이불은 이불장에 넣고 꺼내기 쉽도록 3등분으로 접는다.

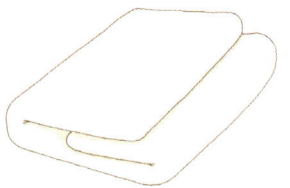

평평하게 접는다 사용 횟수가 적은 손님용 이불은 수납공간을 절약하기 위해 가능한 한 평평하게 접는 것이 원칙.

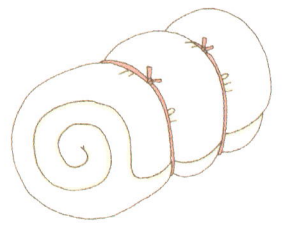

둥글게 만다 콤팩트한 수납이 필요한 경우는 되도록 부피를 줄여 둥글게 만 다음 끈이나 스타킹 등으로 묶어준다. 입지 않는 티셔츠나 천으로 덮어 보관하면 먼지가 않는 것을 방지할 수 있다.

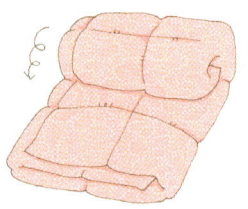

접어서 만다 부피가 있는 오리털 이불은 공기를 완전히 빼고 3등분으로 접어 손으로 꾹꾹 눌러가면서 둥글게 만 뒤 끈으로 묶어준다.

[이부자리 매일 손질법]

땀이나 습기를 제거하는 습관을 들인다 이불은 흡습성이 높기 때문에 사용 후 즉시 개지 말고 얼마 동안 그대로 둔다. 수납 장소는 대부분 통풍이 나쁜 이불장인 경우가 많기 때문에 각별히 신경 쓸 필요가 있다. 특히 이불장 아래쪽은 습기가 쌓이기 쉬우므로 제습제와 함께 대나무 발을 깔아 통풍을 좋게 하는 것도 방법이다.

이불의 푹신함을 그대로 유지하기 위해서는 요 등의 무거운 이불은 아래쪽에, 가벼운 것은 위쪽에 보관한다.

더러워졌을 때는 제시한 방법에 따라 즉각 세탁한다 이불은 소재에 따라 세탁 방법이 다르므로 주의 사항을 정확히 확인한 후 세탁한다. 부분적인 오염은 찬물이나 더운물, 중성세제를 사용하여 그 부분만 잡고 세탁한다. 손빨래 표시가 있다 해도 오염이 쉽게 제거되지 않는 경우에는 전문 세탁점에 맡기는 것이 좋다.

[이부자리 말리는 법]

이부자리를 말리는 가장 큰 목적은 습기로 인한 세균의 번식 및 체취, 진드기를 방지하기 위해서다. 또한 건풍을 시키면 본래의 탄력을 되살릴 수 있고, 기분 좋은 숙면을 취할 수 있게 해준다.

면 이불 일주일에 1~2회, 맑은 날을 택하여 앞뒤 면을 교대로 2시간 이상씩 말리는 것을 목표로 한다. 너무 강한 직사 일광을 쐬거나 장시간 건조시키면 면이 손상될 우려가 있으므로 여름에는 오전 중에 말리는 것이 좋다. 시트는 습기가 많이 배어 있으므로 양면을 건조시킬 시간적 여유가 없을 때는 피부에 닿는 면만이라도 햇볕을 쐬어준다.

오리털 이불 흡습성과 방습성이 뛰어나기 때문에 한 달에 1~2회 정도, 앞뒤 면을 교대로 1시간씩 말리면 좋다. 바람이 있고 맑은 날 말리는 것이 기본이지만 햇볕에 직접 내놓기보다는 커버나 시트 등으로 덮은 뒤 말려준다. 보통은 창문을 열어 바람이 잘 통하게 한 상태에서도 충분히 건조시킬 수 있다.

양모 이불 일주일에 1회 정도 앞뒤 면을 교대로 2시간씩 말리는 것이 기본. 모가 손상되지 않도록 커버나 시트 등으로 덮어서 말린다. 오리털 이불과 마찬가지로 창문을 열어 바람이 잘 통하게 한 상태에서도 충분히 건조시킬 수 있다.

합성섬유 이불(폴리에스텔 등) 습기를 잘 흡수하기 때문에 일주일에 1~2회, 앞뒤 면을 교대로 1~2시간씩 햇볕에 충분히 말린다. 섬유가 손상되는 것을 막기 위해 역시 커버나 시트 등으로 덮어 말려준다.

[말린 이불을 걷어 들일 때는…]

말린 이불을 걷어 들일 때는 두드리지 말고 전용 청소기로 표면의 먼지를 완전히 흡수시킨다. 이불 전용 청소기 헤드는 일반 진공청소기를 구입할 때 옵션으로 받거나 가전제품을 취급하는 곳에서 별도로 파는 것을 구입하면 된다.

step 8 계절 아이템 손질과 수납

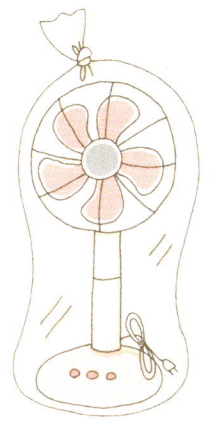

계절 가전은 청소가 끝나면 비닐이나 천 주머니에 넣어 습기가 차지 않는 곳에 보관한다.

[계절 가전]
간단한 손질이 수명 연장의 비결 한 계절 사용한 가전제품을 걸어 놓을 때는 간단한 손질만 해줘도 고장을 방지할 수 있다. 손질의 기본은 부드러운 천을 물에 적셔 꼭 짠 뒤, 구석구석 닦아준다. 제거되지 않는 오염은 천에 중성세제를 조금 묻혀 닦은 다음 세제가 남아 있지 않도록 젖은 천으로 닦고 충분히 건조시킨다. 가습기나 제습기는 통 안의 물을 따라 버리고 깨끗한 물로 닦아준다. 선풍기도 팬과 망을 떼어낸 후 물청소를 한 뒤 말끔히 닦아 보관하면 오랫동안 사용할 수 있다.

[아웃 도어 용품]
사용 후 즉시 더러움을 제거하는 것이 기본 아웃 도어 용품은 사용 후 즉시 흙과 먼지, 습기 등을 제거하는 습관을 들인다. 텐트나 고무 튜브 등이 전체적으로 더러워졌을 때는 욕조에 더운물을 받아 중성세제를 푼 뒤 깨끗이 빨아준다. 세제가 남아 있지 않게 충분히 헹군 후 마른수건으로 물기를 제거하고 통풍이 잘되는 그늘에서 말린다. 세탁이 끝나면 통기성이 좋은 천 주머니에 넣어 보관한다.
버너류는 부드러운 스펀지를 물에 적셔 문질러주는데, 구조에 따라 분해가 가능한 부분은 물로 씻어 건조시킨다.

step 9 사진·데이터·편지 보관법

[필름·사진]
포켓식보다 접착식이 수명 연장에 효과적 미사용 필름은 통풍이 좋은 냉암소에 보관하고, 현상한 필름은 시트지에 넣은 상태로 상자 등에 보관한다. 프린트한 사진은 햇빛이나 공기에 노출되면 색이 변하거나 바랠 우려가 있으므로 포켓식보다는 접착식 앨범에 보관하는 것이 좋다. 단, 가정용 잉크젯 프린터로 인쇄한 프린트는 용지가 약하기 때문에 디지털 카메라용의 접착력이 약한 앨범에 보관한다.

[디지털 데이터]
자주 백업을 해두는 습관을 들일 것 컴퓨터에 저장한 화상이ㅏ 영상 데이터는 가능하면 빨리 CD-R이나 DVD-R에 카피를 해놓는 습관을 들인다. 또한 화상 데이터는 반드시 프린트해 보관한다. CD-R이나 DVD-R은 구입 시 받은 클리어 케이스에 넣어 빛이 닿지 않는 장소에 보관해야 열과 습도에 의한 피해를 줄일 수 있다. 타이틀을 써 넣을 경우엔 기록 면에 상처가 나지 않게 부드러운 펜으로 기입한다.

[비디오·카세트]
습기가 많은 곳을 피해 보관 사진과 마찬가지로 공기와 빛을 피해 보관하는 것이 원칙이다. 전기 시계나 자석, 자기 액세서리 가까이 두면 자기의 영향으로 기록이 손상될 염려가 있으므로 주의가 필요. 또한 먼지나 습기가 많은 장소에 보관하는 것도 삼가. 테이프는 모두 감아 두고 감은 쪽이 아래로 오게 세워서 보관하면 장기간 사용할 수 있다.

[편지]
오래된 편지는 해지기 쉽고, 산성지보다 중성지가 보존성이 높다 중요하게 간직해 두고 싶은 편지는 밀봉성이 높은 곳보다는 통기성이 좋은 종이 상자 등에 담아 직사광선이 닿지 않고, 온도와 습도 변화가 별로 없는 장소에 보관한다. 또한 종이에는 해지기 쉬운 산성지와 보존성이 높은 중성지가 있는데, 산성지는 종이를 낡게 만드는 탄산가스를 배출하므로 가스가 차지 않도록 통풍이 잘되는 곳에 보관한다.

step 10 주방 손질과 수납

[식기]

번거롭지 않게 넣고 꺼낼 수 있는 방법을 연구 식기를 수납할 때는 쉽게 넣고 꺼낼 수 있는 데 초점을 맞추는 것이 포인트. 우선 자주 쓰는 것과 비교적 사용 빈도가 낮은 손님용, 특별 요리에 필요한 것들로 분류하여 수납법을 결정하는 것이 좋다. 일상적으로 사용하는 식기는 허리에서 가슴까지의 높이로 눈에 쉽게 띄고, 손을 뻗어 잡을 수 있는 장소에 놓는다. 사용 빈도가 낮은 것들은 그 외의 장소에 수납하는데, 주의할 점은 그릇을 포개 놓을 경우 자주 사용하는 큰 그릇 위에 별로 쓰지 않는 작은 그릇을 올려놓는 수납법은 피하는 것이 좋다.

[식기의 기본 정렬법]

선반에 식기를 빼곡히 정렬해 놓으면 손을 넣고 뺄 수 있는 공간이 없어 파손 위험이 따르고 사용에 큰 불편을 준다.

같은 종류의 그릇을 구석에서 앞자리까지 세로로 정렬해 놓으면, 다른 종류의 그릇들이 가로로 나란히 놓이게 되므로 사용하기 매우 편하다.

크기가 다른 그릇을 겹쳐 놓으면 아래 그릇을 사용할 때마다 위의 그릇들을 치워야 하므로 사용하기에 번거롭기 짝이 없다.

같은 크기의 그릇이라면 위쪽으로 겹쳐 놓아도 OK! 한 개만 꺼내거나 여러 개를 동시에 꺼낼 때도 전혀 불편하지 않다.

[칠기·도기]

칠기는 아름다운 광택을 보존하는 것이 포인트 칠기는 물에 담가 두고 씻는 것은 금물. 흐르는 물에 씻은 후 곧바로 부드러운 천으로 물기를 제거하고 완전히 말린 다음 직사광선을 피해 보관한다. 다른 종류의 그릇과 겹쳐서 수납하면 상처가 생길 수 있으므로 보관에 각별히 주의한다.

도기는 완전히 건조시키지 않으면 곰팡이, 악취의 원인으로 도기는 수분을 흡수하는 성질이 강하기 때문에 항상 충분히 건조시켜 수납한다. 또한 표면이 거친 도기는 설거지를 하거나 수납할 때 다른 그릇에 상처를 줄 수 있으므로 부드러운 샌드페이퍼로 닦아 표면을 매끄럽게 한 뒤 사용하는 것이 좋다.

[냄비]

흠이 나지 않게 씻고 충분히 건조 흙으로 만든 것은 통풍이 좋은 곳에 수납한다. 철제 냄비는 더러움을 제거하고 약한 불에서 완전히 건조시킨 다음 식용유를 엷게 발라놓으면 장기간 깨끗하게 사용할 수 있다. 어떤 냄비든 씻을 때는 철제 수세미를 삼가고 연마제도 사용하지 않는 것이 좋다.

 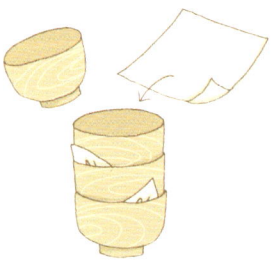  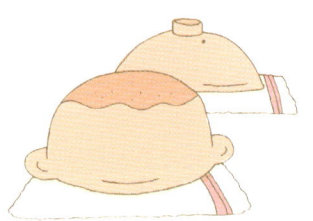

위쪽이 넓은 밥공기 등은 아래위를 바꿔 나란히 놓으면 공간을 훨씬 유용하게 사용할 수 있다.

비싼 식기나 다른 소재의 그릇을 도기와 함께 포개 놓을 때는 그릇 사이에 종이나 헝겊을 끼워 놓으면 흠이 생기는 것을 방지해 준다.

철제 냄비는 녹이 슬 수 있으므로 씻어서 완전히 건조시킨 후 식용유를 엷게 발라준다.

흙으로 만든 냄비는 손질을 게을리하면 곰팡이가 생기기 쉬우므로 씻은 후 충분히 말려준다.

step 11 식품 보관법

비닐봉지류 콤팩트하게 접기

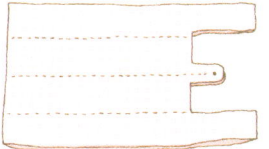

① 손으로 눌러가며 공기를 빼서 판판하게 만든 후 세로로 4등분하여 길게 접는다 (봉지가 작은 경우는 2등분하여 접는다).

② 손잡이의 반대쪽 끝에서부터 3각형 모양으로 접는다.

③ 마지막으로 남은 끝 부분을 접은 사이로 넣어 마무리한다.

[채소・과일]
무조건 냉장고에 넣지 말고 계절에 따라 보관법에 변화를 줄 것 채소와 과일은 싱싱하게 장기간 보관하는 것이 핵심이다. 무조건 냉장고에 넣는 경우가 많은데, 그중에는 상온에서 보관하는 것이 더 좋은 것들도 있다. 식품의 다양한 특징을 살펴 계절에 따라 보관법을 달리하는 것이 이상적이다.

[조미료・말린 채소・건어물]
조미료와 말린 식재료는 습기에 유의할 것 조미료는 종류에 따라 상온 보관과 냉장 보관으로 나뉜다. 대부분 포장 용기에 보관법이 표시돼 있으므로 꼼꼼히 체크한 뒤 보관한다. 말린 식재료는 병이나 밀폐 백에 건조제를 넣어 냉암소에서 보관하면 좋다.

[식재・조미료 보관법]

채소・과일

아스파라거스	랩이나 비닐봉지에 넣어 냉장고에 세워서 보관한다.
차조기	물에 적신 키친 페이퍼로 싸서 비닐봉지에 넣거나 소량의 물이 담긴 병에 넣고 뚜껑을 덮어 냉장 보관한다.
호박	여름 이외의 계절에는 상온에서 보관 가능하다. 호박을 둥글게 썬 경우는 씨를 빼고 랩으로 싸서 냉장 보관한다.
양배추	심을 제거하고 랩으로 싸서 냉장 보관한다.
오이	신문지로 싸서 비닐봉지에 넣은 다음 밀봉하지 말고 세워서 냉장 보관한다.
우엉・토란	흙이 묻은 채로 신문지에 싸서 상온에서 보관. 물에 씻은 경우는 물에 적신 신문지로 싼 다음 랩으로 감아 냉장고에 세워서 보관한다.
감자	신문지로 싸서 시원한 곳에 보관하는데, 더운 여름에는 비닐봉지에 넣어 냉장고에 보관한다.
생강	신문지에 싸서 냉암소에 보관.
셀러리	잎과 줄기를 분리해 비닐봉지에 넣고, 세워서 냉장 보관한다.
무・당근	신문지나 랩으로 싸서 냉장 보관한다.
양파	망에 넣어 시원한 곳에서 보관. 햇양파나 여름철에 보관할 때는 냉장고에 넣어둔다.
토마토・가지	여름철에는 랩으로 싸거나 비닐봉지에 넣어 냉장 보관한다. 토마토는 꼭지가 아래로 오게 하여 보관하는 것이 좋다.
사과	사과에서 생성되는 에틸렌 가스는 잎채소의 손상을 촉진시키므로 서로 가까이에 두지 않는다.

말린 채소・건어물・조미료

말린 표고버섯	개봉 후 전자레인지에 갓이 아래로 오게 넣은 다음 약 30초 정도 건조시킨 후 보관하면 좋다.
목이버섯・박고지	건조제를 넣은 병에 담아 냉암소에서 보관한다. 개봉 후는 비닐봉지에 넣고 밀봉하여 냉장고에 보관한다.
말린 새우	냉동 백에 넣어 냉장 보관한다. 장기간 보관해야 할 경우는 냉동 보관하는 것이 좋다.
향신료	향신료는 습기를 잘 흡수하기 때문에 밀폐 용기에 넣어 냉동 보관하는 것이 이상적이다.
설탕・소금	흡습성이 강하기 때문에 일상적으로 사용할 때는 작은 용기에 담아 보관하는 것이 좋다.
간장	집에서 담근 생간장이나 염분이 9% 이하인 저염 간장은 냉장 보관한다.
식초	개봉 후는 냉암소에서 보관한다.
겨자・와사비 드레싱・장국	개봉 후 냉장 보관한다.
소스류	상온에서 보관하는 것이 일반적이지만 채소 원액 등을 듬뿍 함유한 것은 냉장 보관한다.
도우류	밀폐 백에 넣어 냉장 보관한다.
마요네즈	개봉 후는 용기의 공기를 빼고 냉장 보관한다.

02
주부가 꾸민 수납 실례집

case 1
감추는 수납의 비밀이 숨어 있는 앤티크 하우스

현대 가구가 아닌 부모로부터 물려받은 고가구를 적극적으로 활용해 감추는 수납으로 집 안을 정리했다. 자연스럽게 동선을 따라 합리적인 수납법을 실천한 것도 배울 만하다. 고가구의 단아함과 넓은 공간에 가구를 많이 배치하지 않아 심플하게 느껴지는 현대적인 분위기가 아름다운 조화를 이룬다.

Living room
친정 엄마에게 물려받은 고가구가 수납의 중심

테이블클로스는 사이즈가 큰 서랍장에 보관 친정 엄마가 30년 전에 구입한 서랍장. 2년 전에 물려받아 요긴하게 사용하고 있다. 사이즈가 크기 때문에 테이블클로스와 냅킨 등을 구겨지지 않도록 넓게 접어 수납해도 넉넉하다.

자주 사용하는 물건은 한데 모아 수납장 서랍 속에 보관 택배를 보내고 받을 때 필요한 쇼핑 봉투, 박스 테이프, 끈, 가위 등은 조금만 방심해도 여기저기 흩어지기 십상인 주범들이다. 이런 물건들은 한데 모아 정리하는 것이 요령. 이 집 주부는 그 소소한 물건들을 거실에 놓여 있는 서랍장 한 칸에 수납해두고 사용한다. 가족 공간이라고 할 수 있는 거실의 수납장이야말로 평소 자주 사용하는 물건 위주로 콤팩트하게 정리하기에 제격인 장소이다.

Dining room
내추럴한 아름다움을 살려 식기를 꺼내 쓰기 좋게 정리한다

앤티크 감각의 다용도 수납장을 찬장으로 활용 골동품점에서 구입한 서류 수납장에 식기나 기트러리를 보관. 편하게 사용하기 위해 주방과 다이닝룸 중간에 배치한 섬에 주목하자.

키가 높은 글라스는 꺼내기 좋게 일렬로 정리 상단의 여닫이 문 안쪽에는 글라스를 키 순으로 맞춰 종렬로 배치. 뒤의 글라스를 꺼낼 때 앞의 것을 치우지 않아도 되기 때문에 안전하고 편리하다.

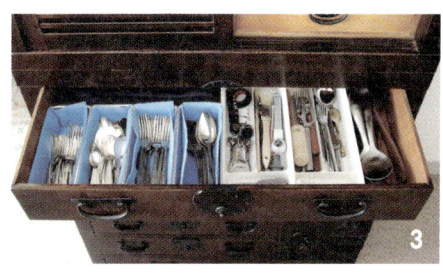

1 모양이 같은 작은 그릇은 포개는 수납으로 공간에 여유를! 구석에 있는 그릇을 꺼내기 쉽도록 앞쪽의 그릇은 높이 쌓아두지 않는 것을 원칙으로. 자주 사용하는 그릇은 앞쪽에, 크고 사용 빈도가 낮은 것은 구석에 수납. **2** 컵이나 찻잔은 서랍 속에 차곡차곡! 영국산을 중심으로 모은 컵은 안전성과 꺼내 쓰기 쉽도록 서랍에 보관. 컵을 서랍에 수납할 때는 컵과 서랍 높이를 비교한 후에. **3** 중앙 서랍에는 커트러리를 종류별로 분류하여 수납 포크와 스푼을 직사각형 모양의 케이스에 나눠서 보관. 청결한 이미지의 블루 펠트를 깔아 커트러리에 상처가 나지 않게 했다.

식재에서 조리 도구, 냄비들까지 왜건에 **수납** 감추는 수납을 중심으로 한 주방. 자주 사용하는 도구들은 벽에 걸어놓거나 이동식 왜건에 수납하여 공간이 넓어 보이고, 동선도 간결해졌다.

Kitchen
식재료는 품목에 따라 수납해 찾기 쉽고, 꺼내 쓰기 편리하게!

이동식 왜건은 청소가 간편한 것도 장점 싱크대 앞쪽에 있는 왜건에는 자주 사용하는 볼과 냄비, 압력 밥솥 등을 수납. 이동식이어서 청소 시 한쪽으로 쉽게 치워 놓을 수 있고, 동선을 절약해 주는 효과도 있다.

저가의 밀폐 용기를 사용하여 한눈에 알기 쉽게 수납 조미료나 말린 식재는 종류별로 저가의 밀폐 용기에 담아 일목요연하게 정리. 구석에 있어 꺼내 쓰기 불편한 경우, 회전식 수납 트레이에 담아 사용하면 한결 편리하다.

1 어실러 놓기 쉬운 것들은 바구니에 오른쪽 바구니에는 집 안에 널려 있기 쉬운 신문지나 광고지를 담아 채소를 싸거나 젖은 쓰레기를 버릴 때 사용한다. 왼쪽 바구니에는 아이들이 좋아하는 간식이나 스낵류를 담았다. **2** 상온 보관 식품은 통기성이 좋은 바구니에 왜건의 선반에 높이를 맞추 바구니를 올려놓아 감자와 당근 등의 채소류를 보관. 바구니는 통기성이 좋아 저장 식품 보관에 최적이다. **3** 랩이나 알루미늄 포일 등 생활용품은 높이가 낮은 나무 상자에 랩과 위생 장갑, 수납용 비닐봉지 케이스는 높이가 낮은 수납함에 넣어도 충분. 종류가 많을 때는 수납함 2개를 포개 놓고 사용해도 좋다.

작은 가구를 이용한 효율성 높은 수납
서류 정리나 글 쓰는 작업을 할 수 있는 공간. 벽면에 배치한 책장은 공간이 넓어 보이도록 키가 높지 않은 중간 사이즈를 선택했다.

Work Space
서재로, 작업실로 다양하게 활용하는 온 가족 맞춤 공간

TV를 올려놓은 앤티크 수납장 속에는 맛있는 보물이 가득! 친정 엄마에게 물려받은 것으로 원래는 차를 보관했던 수납장. 문을 열면 차 대신 집에서 만든 다양한 잼과 과일주가 가득하다.

서류는 심플하게 파일에 담아 보관 영수증, 계약서 각종 보험증권, 이런저런 증서들. 은근히 보관이 필요한 서류들이 많은 편이다. 이처럼 사적인 업무나 가계에 필요한 서류들은 파트별로 한데 모아 파일에 정리해두는 것이 허둥대면서 찾지 않아도 되는 좋은 방법이다. 품목에 따라 각기 다른 파일에 담아 정리한 뒤 라벨을 붙여두면 더욱 완성도 높은 수납이 된다.

책이나 서류는 한곳에 콤팩트하게 정리 중요한 책은 먼지가 앉기 어려운 문이 달린 수납장에 보관. 사이즈가 큰 책은 눕혀서 쌓아 놓는데, 쉽게 찾을 수 있도록 제목이 적힌 모서리 부분을 앞쪽에 오게 하는 것이 포인트.

폭 좁은 현관의 마주보는 벽면에 붙박이 수납장을 만들어 강도 높은 수납을! 현관에 들어서자마자 보이는 양 벽면에는 천장까지 닿는 벽장을 짜 넣었다. 벽장은 많고 다양한 물건을 수납할 수 있는 것은 물론 문을 닫으면 다시 벽면처럼 매끈하게 보이는 것도 매력.

Entrance
현관 붙박이장은 다양한 살림살이들이 한데 모여 있는 대형 창고

사용 빈도가 낮은 식기들을 한데 모아둔 현관의 붙박이장 천장에서 바닥까지 꽉 넣은 수납장 선반에 유행이 지나거나 사용 빈도가 낮은 식기를 보관했다. 신발장 맞은편 벽면의 수납장은 이렇듯 다양한 살림들이 모인 공간이다.

자주 쓰지 않는 식재료들을 분류해 현관 수납장으로 보낸 뒤 투명 케이스에 담아 보관 한꺼번에 많이 사둔 식재료나 가끔씩 사용하는 주방용품들을 종류별로 모아 투명 케이스에 나눠서 역시 현관에 있는 수납장에 정리했다.

1 가방은 접은 뒤 세워서 보관 현관 수납장 상단은 가방을 수납하는 자리. 접을 수 있는 가방은 되도록 작게 접어 부피를 줄이고, 골판지로 만든 박스에 세워서 수납. 외출 시 필요한 가방을 손쉽게 꺼내 사용할 수 있다. **2 청소기는 데드 스페이스에** 가방 아래쪽은 코트를 수납하는 자리. 짧은 코트를 걸어놓은 아래는 공간이 비게 되므로 청소기를 넣어 보관한다.

이 집은 주인에게는 스스로 정한 수납 원칙 3가지가 있다. '필요한 물건은 필요한 장소에!' '눈높이 공간은 오픈 랙을 사용하여 보이는 수납으로, 그 외의 공간은 감추는 수납으로!' '디자인과 기능을 모두 갖춘 가구만 구입'한다는 것. 이런 룰에 충실하여 완성한 공간은 드라마틱하게 완벽하다. 보이는 수납과 감추는 수납이 조화된 아름다운 집을 구경해보자.

case 2
선반과 행어를 적극 활용해 보이는 수납에 도전한 내추럴 공간

좋아하는 컵은 찬장 아래에 조르르 2단 찬장 아래 부분에 고리를 부착시켜 좋아하는 컵들을 걸어 놓는다. 캔과 병은 크기와 컬러, 디자인을 계산하여 정렬시킨 것이 인상적.

1 싱크대 옆면 데드 스페이스에도 행어 부착 행주 등을 걸어놓은 행어는 세련된 디자인이 매력. 사용하지 않을 때는 접어둘 수 있어 매우 실용적이다. **2** 수납 케이스에도 디자인 감각이 물씬 향신료 수납 케이스는 미국산 캐비닛을 사용. 향신료는 맛뿐만 아니라 용기 디자인까지 고려하여 선택한 것이 눈에 띈다.

Kitchen & Dining room
폭 좁은 ㄷ자 형태의 싱크대로 드라마틱하게 기능적인 멋과 쓰임새를 즐긴다

싱크대 수납장을 2단으로 맞춤 설치하여 대량의 식기를 수납. 수납력이 높은 'ㄷ'자형 주방에 플러스 알파 효과를 주는 2단 수납장이 있다. 반투명 폴리카보네이트 소재로 문짝을 만들어 답답해 보이지 않게 배려한 점도 눈에 띈다.

주방 카운터 아래에서 활약하는 바퀴 달린 와인 상자 와인 상자에는 바퀴를 달아 냄비나 밀폐 용기를 넣는 수납함으로 사용하고 있는 아이디어가 신선하다. 주방 이곳저곳으로 이동해가면서 사용하기에도 제격이다.

벽면은 식기나 잡화를 디스플레이할 수 있는 오픈 랙으로 다이닝룸의 넓은 벽면에는 긴 선반이 달려 있는데 마치 세팅을 하듯, 보기 좋게 정리한 감각이 남다르다. 보이는 수납의 장점이 한껏 살아나는 공간. 꽃과 잡화 등으로 완성한 즐거운 분위기가 식탁에까지 고스란히 전해오는 느낌이다.

스타일리시한 박스로 서류와 책을 수납 당장 일하는 데 필요한 자료와 책은 오픈형 선반에 수납하고, 보관해야 할 서류나 책은 박스에 담아 한곳에 선반장에 하나 하나 넣어 수납한다. 디자인 감각이 뛰어난 박스는 인테리어 효과까지 덤으로 얻을 수 있다.

Work Space
오픈 형태의 선반장에 박스를 매치해 완성한 아름다운 작업실

1 책과 자료 등을 대량 넣어둘 수 있는 박스 나날이 늘어나는 자료와 책, 서류들은 박스 안에 일괄적으로 정리. 중요한 서류와 책들은 테이블 아래 발치에 보관하고 있다. **2 선반장 위쪽에는 사용 빈도가 낮은 소품들을 정리** 박스 위에 있는 캐비닛에는 요즘 사용하지 않는 악기들을 보관. 높은 곳은 사용 빈도가 낮은 물건이나 작고 가벼운 소품들을 수납하는 장소로 지정한다.

벽 안 쪽으로 스크린을 수납, 지인들과 함께 영화를 관람하기도 천장에 드리워져 있는 벽 속에는 스크린이 수납. 거실에서는 소파에 기대 편히 쉬기도 하고 영화나 음악을 즐기는 등 안락한 시간을 보낼 수 있게 했다.

Living room

가전제품까지 감추는 수납으로 정돈한 심플 감각 거실

오픈 선반에는 해묵은 레코드판이 가득 AV 기기 옆에는 레코드 음반을 수납할 수 있는 오픈 선반을 설치. 원하는 음반을 쉽게 찾을 수 있고, 정리하기도 편해 일석이조.

1 TV나 스테레오를 깔끔하게 수납할 수 있는 캐비닛 창 아래 설치한 캐비닛은 TV와 스테레오 등 AV 기기를 수납하는 곳. 접이식 문이 장착되어 있어 사용하지 않을 경우 문을 닫으면 감추는 수납이 된다. 2 레코드플레이어도 서랍에 AV 기기 위의 서랍에는 거실에서 사용하는 DVD나 CD, MD 등이 가득. 레코드 플레이어도 서랍에 수납할 수 있게 설계되어 있는 것이 특징이다.

심플한 구조에 맞춰 계산된 수납 싱크대와 유리 칸막이만 시공 업자한테 맡기고 나머지 수납 케이스는 주인이 직접 수작업으로 만들었단다. 와인 상자와 상판을 활용하여 편리하게! 자신이 원하는 수납 스타일을 완성했다.

case 3

낡고 좁은 창고를
계획 수납으로 개조한
로프트 하우스

낡은 창고를 개조하여 주거 공간과 작업실을 만든 집. 자신만의 룰을 만들고, 그 규칙에 따라 감추는 수납 중심으로 공간을 깔끔하게 정돈한 것이 인상적이다. 주방의 와인 박스와 싱크대 아래 바퀴 달린 왜건식 수납장은 직접 만든 작품으로 오리지널한 수납 감각을 느끼게 해준다.

Kitchen
핸드메이드 가구의 독특한 멋과 기능이 살아 있는 공간

수납 가구의 배치는 사용 장소와 빈도를 고려하여 자주 사용하는 조미료와 조리 도구는 싱크대 아래, 식탁에서 주로 필요한 접시와 커트러리는 다이닝룸 옆의 수납장에 보관. '필요한 물건은 필요한 장소에 수납한다'는 원칙에 따라 수납 가구를 배치했다.

1 세우고 포개는 수납으로 편리성을 중시 냄비나 프라이팬 등을 수납하는 왜건은 수작업 제품. 손잡이가 붙어 있는 물건은 꺼내 쓰기 쉽게 세우는 수납법을 선택, 공간에 여유를 준 아이디어가 신선하다.
2 와인 박스를 연구하여 수납공간을 확장 하단의 와인 박스 서랍에는 무거운 물건들을 보관. 바퀴가 붙어 있어 움직임이 좋고, 박스를 2개 중첩시켜 위쪽 상자의 밑판을 걷어내니 수납공간이 2배로 확장. 높이가 있는 병이나 부피가 큰 도구들을 수납하는 데 제격이다. 3 서랍 상단에는 작고 가벼운 물건들만 와인 박스로 만든 서랍 상단에는 작은 조리 도구나 밀폐 용기 등 가벼운 것들만 수납. 박스 아래쪽으로 미끄러짐을 좋게 하는 바퀴를 부착하여 박스를 쉽게 빼고 넣을 수 있게 했다.

선반의 위치를 조절하여 데드 스페이스까지 활용 수납 물건의 크기와 높이에 따라 선반 위치를 조절할 수 있는 수납장. 문 안쪽의 랙에는 저장 식품 및 조미료를 보관하고 키친 페이퍼 홀더까지 설치했다.

Bedroom
대형 선반장을 가벽 대신 활용해 없던 공간을 만든 침실

오픈형 수납 선반을 칸막이로 사용하여 수납공간을 절약. 벽 쪽에 놓임 직한 대형 선반을 침실 칸막이 대용으로 사용. 공간 분할과 수납이라는 두 마리를 토끼를 잡은 아이디어가 돋보인다. 책이나 잡지 외에 좋아하는 소품을 사용하여 장식 효과를 배가.

덩치 큰 가구를 지혜롭게 활용하여 침실을 자연스럽게 분할. 침실 크기에 맞춰 수작업으로 완성한 오픈형 선반. 침실 쪽에는 투명한 플리츠 스크린을 내려뜨려 위압감을 줄였다.

기능적인 선반과 핸드메이드 책장으로 완성한 기분 좋은 작업실 직접 제작한 책장과 사무용으로 사용할 수 있는 가구를 적절히 배치하여 넓지 않은 공간이지만 수납력 발군의 일터로 완성했다.

벽면마다 수납장을 매치해 효율적인 정리에 도전 벽면에 설치한 책장. 인터폰이 붙어 있는 부위만 비워두고 벽면 전체를 수납공간으로 활용했다. 자칫 버려지기 쉬운 벽면까지 알뜰하게 활용한 실속 만점의 아이디어가 돋보인다.

Work Space
기능성을 살려 좁은 공간을 효율적으로 활용

1 책상 밑의 남은 공간에도 수납 선반을 설치 책상 밑에 설치한 책장은 넘쳐나는 잡지와 서류들을 분류하여 수납할 수 있게 사이즈에 맞춰 제작. **2** 다양한 서류는 종류별로 분류하여 큰 파일 박스에 서류가 많을 때는 클리어 파일에 보관하기보다는 폭이 넓은 파일 박스를 이용하는 것이 효과적. **3** 틈새에도 문을 달아 수납공간으로 책장 옆에 생긴 틈새 공간도 버려두지 말고 문을 달아주면 훌륭한 수납공간으로 변신한다. 키가 높은 종이나 지도, 설계용 자 등을 수납하기 좋다.

Living room
라이프스타일을 고려해 수납 중심으로 가구를 배치한 거실이 집에서 수납에 사용된 가구는 대부분 고가구점에서 구입한 것들이다. 오래된 가구의 투박함을 그대로 살려 과감하게 보이는 수납과 감추는 수납을 병행한 솜씨가 그림처럼 어우러져 사람 사는 냄새가 물씬 풍기는 집이다. 특히 오픈식 수납의 주방은 개성 넘치는 아이디어의 보물 창고 같은 곳이다.

case 4
생활 중심의 소박한 수납으로 돈들이지 않고 꾸민 알뜰 공간

1 낡은 반합을 연필 케이스로 골동품상에서나 봄 직한 반합에 아이들이 미술 시간에 사용하는 색연필을 보관. 사용하지 않을 때는 뚜껑을 덮어 책꽂이 사이에 끼워 놓는다. **2 안 쓰는 편수냄비에 리모컨을** 해외 벼룩시장에서 구입한 영국의 빅토리아 시대의 편수냄비에 리모컨을 넣어 보관. 마치 중세로 돌아온 듯 색다른 이미지를 준다. **3 종이 봉투를 사용해 소소한 살림들을 정리** 아이들이 갖고 노는 게임 카드 등 자잘한 소품은 작은 봉투에 넣어 보관. 뒷정리도 간편하고 가구와 잘 어울리는 봉투함을 사용하면 미적인 효과까지 얻을 수 있어 일석이조. **4 거실에서 읽는 소량의 책들은 바구니 속에** 거실에서 주로 읽는 책은 방으로 가져가지 않고 공간 한쪽에 바구니를 준비하여 세워서 수납. 아이들이 읽던 책도 이곳에 보관하는데 높이가 낮은 의자 위에 바구니를 올려놓으면 아이들도 쉽게 꺼내 읽고 정리할 수 있다.

Kitchen
**보관하기 좋고, 사용하기 편리하다!
물건마다 제자리를 찾아준 실용적인 주방**

다양한 조리 도구들이 공간에 개성을 더한다 조리 도구들이 밖으로 나와 있어도 정돈된 인상을 주는 개성 만점의 주방. 주머니는 건조가 잘되게 창가에 걸어놓고, 볼 등의 그릇들은 투박한 느낌의 목재 선반에 수납.

1 냄비와 프라이팬도 오픈 수납으로 투박한 나무 사닥다리를 리메이크한 선반 아래에는 냄비와 프라이팬을 한데 모아 수납. 쉽게 꺼내 쓸 수 있고, 씻은 후에 올려놓기만 하면 정리 끝. 2 리메이크 사닥다리 위에는 가전제품을 전자레인지 등의 가전제품을 올려놓은 나무 선반은 사닥다리의 일부를 리메이크한 것. 구조가 간단하고 튼튼하기 때문에 무거운 물건을 올려놓아도 안심. 3 매일 쓰는 그릇은 잘 보이는 곳에 정리 싱크대 한쪽에는 자주 사용하는 그릇이나 커트러리를 나무, 글라스, 금속 등 소재별로 분류하여 세워서 수납. 정리도 간단하고 찾아 쓰기도 편리하다. 4 용도별로 도구를 나눠서 보관 흰색 철제 선반에는 과일이나 채소 등을 담는 망 바구니를 비롯하여 대나무 바구니 등 자연 소재의 수납 용기를 용도별로 나눠서 보관한다.

Entrance
비좁은 선반에 오픈 책장을 배치해 넣기 쉽고, 꺼내 신기 편한 신발장으로 활용

외출 시 자주 사용하는 물건은 신발장 옆의 벽걸이에 수납 개성 있는 분위기를 연출하는 금속 소재의 청색 고리. 아이 용품을 넣은 주머니 등 주로 외출 시 필요한 물건들은 고리를 사용하여 신발장 옆에 걸어두었다.

구두 수납에 낡은 책장을 활용 중고 시장에서 헐값에 구입한 낡은 책장. 알뜰 주부다운 면모를 발휘하니 비싼 신발장 부럽지 않은 가구를 갖게 되었단다. 사이즈가 크지 않고 통기성이 좋아 구두 수납에 제격.

Kid's room
아이들 스스로 정리할 수 있도록 수납은 넣고 꺼내기 쉬운 위치에

물건의 양을 줄여 쾌적한 공간으로 아이들이 즐겨 쓰는 장난감의 대부분은 별도의 수납 공간에 정리해두고, 침실은 쾌적한 공간으로 완성했다. 의류, 자전거 헬멧 등 아이들이 좋아하고 꼭 필요로 하는 것들만 갖춘 심플한 공간이다.

아이들 소품도 밸런스 있게 배치 옷장 옆 선반에는 아이들이 좋아하거나 즐겨 사용하는 소품을 수납했다. 자전거 헬멧을 비롯하여 잠자리채, 배낭 등 부피가 크고 무게가 나가는 것들은 주로 아래쪽에 수납한다.

자주 입는 옷은 침대 아래에 의류 케이스에 자주 갈아입는 옷을 담아 침대 밑에 정리해두었다. 큼지막한 케이스에는 두께 있는 겉옷을, 작은 케이스에는 속옷을 담아 아이들 스스로 찾아 입을 수 있게 했다.

보이는 수납과 감추는 수납을 적절히 활용한 쾌적한 공간 가구는 흰색으로 통일. 벽면에 보이는 수납으로 배치한 그릇이나 조리 도구들은 아이템끼리 색상을 맞추고, 그 외의 물건들은 모두 수납장에 넣어 감추는 수납으로. 많은 물건이 주방에 집약되어 있어도 정돈된 인상을 준다.

고정관념에서 벗어난 과감한 오픈식 수납이 공간에 새로운 멋을 연출한 공간이다. 벽면 자체가 수납공간이 되고 인테리어가 되는 집 이색적인 집. 수납 가구를 제외하면 다른 장식 가구가 거의 없어 쾌적한 생활을 즐길 수 있는 것도 큰 장점. 주인의 자유로운 발상을 수납으로 실현한 공간이라고도 할 수 있다.

case 5

걸고, 세우고, 쌓고!
수납이 곧 장식이 되는
이국적인 공간

Kitchen
오픈 선반과 철제 봉으로 보이는 수납에 도전한 새 감각의 주방

빈 벽면을 적극 활용한 행잉 수납 벽 위쪽에 있는 선반을 제외한 공간에 행잉 바를 사용하여 주방 용품을 자유자재로 수납. 조리대 뒤쪽에 조미료 수납 선반을 걸어놓는 등 사용의 편리성에 중점을 둔 것이 특징. 행잉 바는 수납할 물건의 사이즈에 맞춰 설치했다.

1 수납 용기도 내용물에 맞춰 선택 제과 재료 등 자주 사용하는 식재는 내용물이 들여다보이는 유리병에 보관. 시판 과자 같은 어수선한 식품들은 내용물을 보이지 않는 캔에 넣어 전체적으로 정결한 느낌을 연출했다. **2 서랍 속은 세밀하게 분리하여 사용** 비닐봉지나 집게 등의 자잘한 소품은 종류별로 나눠 싱크대 아래 서랍에 보관했다. 서로 섞이는 것을 방지하기 위해 세부적으로 나뉜 칸막이를 설치한 것도 주부의 감각이 돋보이는 수납 기술.

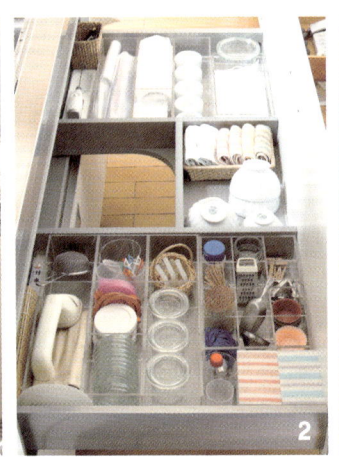

보이고 싶지 않은 부분은 패브릭으로 커버 갖가지 주방 용품이 놓여 있는 오픈식 선반. 자잘한 물건을 담은 바구니 등에는 패브릭 커버를 씌워 보이지 않는 수납으로.

오픈 선반 위쪽도 질서 정연하게 오픈 선반에는 법랑 냄비나 유리병 등 같은 소재의 용기를 한데 모아 보관. 가전제품까지 올려놓을 수 있어 다목적 수납함 역할을 하고 있다.

3 조리 도구는 꺼내 쓰기 편하게 스펀지나 밀봉에 필요한 클립 등은 뚜껑이 없는 용기에 수납하면 편하게 꺼내 쓸 수 있다. 커트러리는 종류별로 분류하여 용기에 세워서 수납. 4 보이는 부분은 흰색으로 통일감 있게 식기 선반의 오픈된 곳에는 평상시 사용하는 흰색 식기만 골라 수납. 사이즈가 크고 색깔이나 무늬가 있는 것은 아래쪽 문이 달린 수납장에 보관.

Bathroom
바구니를 사용하여 감추는 수납을 완성한 내추럴 감각의 욕실

색상을 맞춘 바구니로 통일성 있게 자잘한 소품이 많은 세면 공간에서 바구니는 수납에 빼놓을 수 없는 아이템. 비슷한 톤으로 색상을 통일한 바구니를 질서 있게 정렬하여 청결한 느낌을 강조한다.

1 **자주 쓰는 물건은 뚜껑이 없는 바구니에** 타월 등 자주 사용하는 물건은 뚜껑이 없는 바구니에 넣어 상단에 보관하면 필요할 때마다 쉽게 꺼내 쓸 수 있다. 2 **바퀴 달린 수납 도구로 편리하게 사용** 이동을 편하게 해주는 바퀴 달린 양동이에는 위생 용품이나 각 방에서 사용하는 청소용 도구를 수납하면 편리. 꺼내 쓰기 좋고 정리하기도 간단하다.

Bedroom
수납 효과가 높은 소가구로 소품 정리에 중점을 둔 침실

잡지 보관 랙과 서류 케이스가 메인 수납 도구 책과 잡지는 매거진 랙에 수납. 취침 전에 읽는 서류나 우편물은 종류별로 분류하고, 서류 케이스에 보관하여 항상 청결한 공간을 유지한다.

1 책과 잡지는 가림판이 붙은 랙에 수납 색상과 크기가 다양한 잡지나 책은 감추는 수납을 원칙으로, 현재 읽고 있는 책들만 밖으로 꺼내 세워서 보관한다. **2 서류 케이스는 라벨을 붙여 사용** 세금 및 일과 관계된 서류나 보관해야 할 우편물 등은 라벨을 붙인 서류 케이스에 분류 수납한다.

바구니로 산만하지 않은 공간 연출에 제격 읽고 있던 잡지는 소파 옆의 바구니 속으로. 테이블 옆에도 바구니를 놓아두면 테이블을 사용하고 싶을 때 위에 놓인 물건들을 간단하게 치워둘 수 있다.

Living room
심플한 수납 박스와 바구니를 보기 좋게 배치한 거실

박스에 붙인 라벨로 수납 장소를 판단 블록과 상판, 종이 박스와 바구니를 조화롭게 배치한 코너. 서류와 문구류, 사진을 비롯하여 잊어버리기 쉬운 중요한 소품들은 세밀하게 분류하여 박스에 보관. 박스에 붙인 라벨로 수납 장소를 쉽게 알 수 있다.

1 상자 안에 넣는 물건도 라벨을 사용하여 분류 수납 상자 안에 보관하는 사진은 앨범 보서리에 휠영 시기를 적은 라벨을 붙여 일렬로 세워서 수납. 라벨만 읽으면 원하는 사진을 쉽게 찾을 수 있다. 2 아이들 게임기도 바구니에 컬러풀한 게임기는 뚜껑 있는 바구니에 넣어 감추는 수납으로, 아이 스스로 정리할 수 있도록 꺼내 쓰기 좋은 장소에 둔다. 3 슈즈 랙에 프린트물을 보관 슈즈 랙을 리빙룸 벽에 부착시켜 아이들이 학교에서 받은 다양한 프린트물을 수납. 상판을 디스플레이 공간으로 활용해도 효과 만점이다. 4 리모컨은 한데 모아 바구니에 리빙룸에서 사용하는 리모컨은 모두 바구니에 넣어서 보관. 깊이가 있는 바구니에 수납하면 지저분한 것이 눈에 띄지 않고 꺼내 쓰기도 편리하다. 5 벽면의 CD 랙도 높은 수납력을 과시 컬러풀한 CD 재킷으로 벽면을 장식해 주는 랙. 폭에 여유가 있으면 4~5장을 겹쳐서 세워두면 많은 양의 CD를 수납할 수 있다.

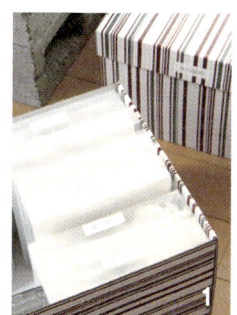

마감재에서 가구, 소품까지 모노톤으로 통일한 현대적 감각의 정수를 보여주는 집. 감추는 수납을 중심으로 모든 물건을 일목요연하게 볼 수 있도록 콤팩트하게 정리한 것이 특징이다. 살림살이와 마감재를 모두 블랙 & 화이트로 통일하여 질서 정연하고 청결한 인상을 준다. '보관'이라는 수납의 고정관념에서 벗어나 보는 즐거움을 강조하고 있다.

case 6

수납 도구까지 블랙 & 화이트로 통일, 보는 즐거움이 있는 스타일리시 홈

1 요리하는 위치에 맞춰 주방 용품을 수납 가스레인지에서 주로 사용하는 프라이팬과 냄비류는 레인지 아래 서랍에 수납하여 편리성을 배가. 맞은편에는 키가 큰 찬장을 설치하여 각종 주방 용품을 보관했다. **2 데드 스페이스까지 수납 아이템으로 효과적으로 활용** 수납장 위에 천장까지 닿는 흰색 박스를 배치해 사용 빈도가 낮은 파티용 냅킨 등을 보관. 찬장과 냉장고 사이의 틈새 공간에는 각종 조미료를 수납할 수 있는 폭이 좁은 랙을 설치하여 공간을 최대한으로 활용했다. **3 랙을 이용하여 한정된 공간을 최대한으로 활용** 큰 접시나 모양이 일정하지 않은 식기는 포개지 않고 접시 꽂이에 세워서 보관. 높이가 있는 코너는 랙을 사용하여 구석 공간을 2단으로 활용하여 수납력을 증가. 남기는 공간 없이 알뜰하게 사용한 아이디어에 주목하자. **4 종류가 많은 조미료는 꺼내 쓰기 편하게 정리** 조미료는 투명 용기에 담아 라벨을 붙여 일목요연하게 수납. 아무리 종류가 많아도 쉽게 찾을 수 있고, 일렬로 배치하여 꺼내 쓰기도 편리하다. **5 싱크대 아래는 분리형 수거를 할 수 있는 휴지통을 배치** 배수 파이프 때문에 공간 활용이 불편한 싱크대 아래는 휴지통을 두는 장소로 결정. 원래는 세로로 포개진 타입의 휴지통을 옆으로 놓아 사용. **6 커트러리는 칸이 나눠진 트레이에 수납** 싱크대 아래 서랍에는 트레이에 카트러리를 종류별로 분류하여 수납. 칸칸이 나눠져 있기 때문에 쉽게 찾을 수 있고 정리하기도 간편하다.

Kitchen
흰색을 베이스로 하여 그릇과 식재 모두 감추는 수납으로

3

4

5

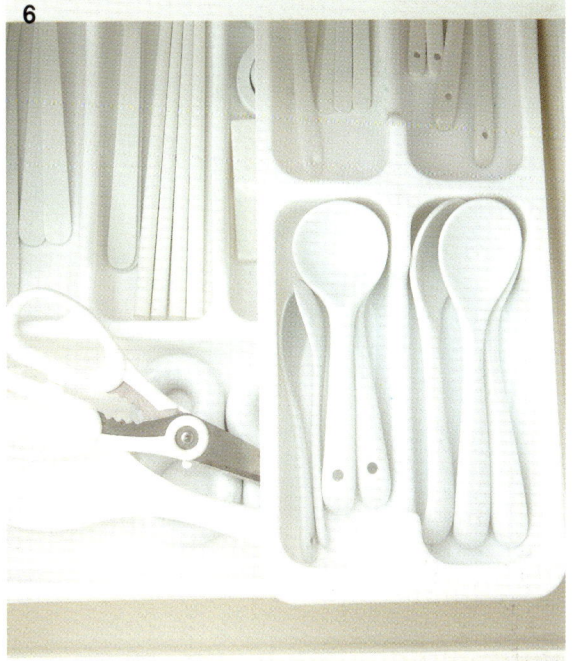
6

수납 가구는 손이 닿기 쉬운 위치에 서랍이 많은 수납장을 거실과 주방 사이에 배치해 실용성을 높였다. 주방 주위의 물건을 넣고 꺼내는 데도 편리한 위치다.

Living&Dining room
트여 있는 거실과 주방 사이에 서랍장을 놓아 공간을 분리한 솜씨

TV 옆 벽장 중앙을 컴퓨터 공간으로 중앙에 컴퓨터를 놓을 수 있는 공간이 마련된 벽장. 컴퓨터를 사용하지 않을 때는 문을 닫아 감추는 수납을 할 수 있다.

복잡한 코드는 선반에 정리 정돈 수납장 위에 설치된 선반에는 아래 두 개 단의 뒤판을 뜯어내고 컴퓨터 및 다른 가전제품 등의 코드를 정리하여 수납.

1 TV 주위는 검은색으로 통일 TV 보드 안에는 DVD나 게임기 코드를 정리해 놓을 수 있는 작은 박스를 배치했다. **2 메이크업 도구도 세밀하게 분류** 원래는 세면대 벽에 장착해 놓는 선반인데 오밀조밀하게 칸이 나뉘져 있어 메이크업 수납함으로 활용. **3 가구 사용법을 조금만 공부하면 빈 공간도 알뜰하게** 컴퓨터 데스크에 맞춰 의자처럼 사용하는 가구는 원래 소형 탁자. 안이 비어 있기 때문에 메이크업 선반을 집어넣고 필요할 때마다 꺼내 쓴다. **4 소품은 칸이 나뉘져 있는 수납 도구를 사용하여 항상 같은 자리에** 수납장 서랍에는 칸이 분리돼 있는 도구를 사용하여 시계나 열쇠 등의 소품을 확실하게 정리.

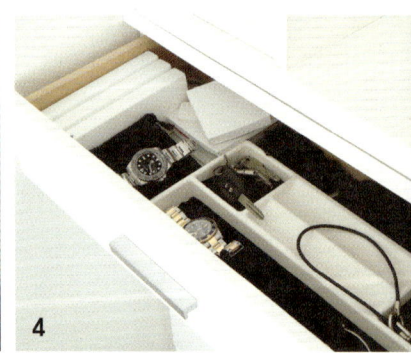

Bathroom
손 닿는 곳을 적극 활용한 쓰기 쉬운 수납

1 눈에 띄는 부분은 용기를 정렬하여 미적인 효과까지 화장품 종류는 벽의 선반에 보관. 흰색 용기로 통일돼 있어 유리문으로 안이 들여다보여도 깔끔한 인상을 준다. **2** 헤어 액세서리는 한데 모아 서랍에 고무줄이나 헤어핀 등의 소품은 라벨을 붙인 상자에 넣어 종류별로 보관. 드라이어도 함께 수납하여 한 번에 머리 손질을 마칠 수 있다.

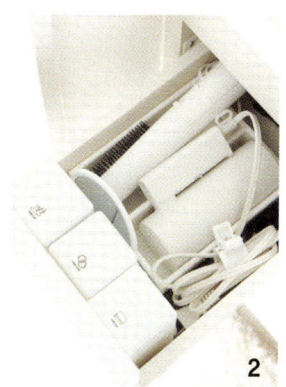

세면대 주위는 감추는 수납으로 청결한 이미지를 강조 칫솔이나 화장품 등을 일절 올려놓지 않은 세면대. 모든 것을 감추는 수납으로 하여 청소하기도 간편하고 공간도 깔끔하게 정리.

case 7
가구 배치 노하우로 트여 있는 공간에 멋과 질서를 담은 집

시스템 수납과 감추는 수납 위주로 공간을 산뜻하게 정리한 집. 가구를 최대한 절약하고 사용의 편리성에 중점을 두어 '필요한 물건만 필요한 장소에 놓는' 룰을 철저히 따르고 있다. 불필요한 물건은 즉시즉시 처리하여 집 안 전체가 쾌적하고 군더더기 없는 인상을 주고 있는 것도 특징이다.

Kitchen
보이지 않는 수납장 안쪽까지 질서정연하게 정리한 주방

분말 식품은 유리 용기에 넣어 남은 분량을 쉽게 알 수 있게 유리 용기는 청결하고 내용물이 선명하게 보이므로 분말 식품은 가능하면 유리 용기에 보관한다. 잔량을 쉽게 파악할 수 있는 것도 장점.

1 서랍 크기에 맞춘 수납 박스를 사용 서랍에 무조건 물건을 집어 넣기보다는 사이즈에 맞는 박스를 골라 종류별로 나눠서 수납. 겉에 흰색 등의 컬러 종이를 붙이면 외관상으로도 훌륭한 수납 박스가 완성. 박스 윗면에 품목별 이름을 적은 스티커를 붙여주면 더욱 편리하게 사용할 수 있다. **2 구이용 도구도 바구니에 수납** 다용도로 사용할 수 있는 바구니는 감추고 싶은 물건을 보관하는 데 최고, 구이용 도구는 그대로 수납하면 주변의 미적 효과를 반감시킬 수 있으므로 감쪽같이 바구니에 담아서 보관한다. **3 사무 용품을 주방 수납에 이용** 플라스틱 사무용 파일 박스는 물에 강하기 때문에 주방에서도 요긴하게 사용할 수 있다. 특히 다양한 세제를 종류별로 나눠 수납하는 데 적당. 선반 구석에는 미개봉 세제를, 사용 중인 세제는 눈앞에 보이는 곳에 보관하면 쉽게 꺼내 쓸 수 있다.

1

2

3

살림의 가짓수를 줄여 좁아도 쾌적하게 완성한 주방 집 안에 살림이 적을수록 주거 공간이 늘어나고 수납공간은 줄게 마련이다. 살림을 쌓아두는 법이 없는 부지런한 안주인 덕분에 좁지만 널찍하게 사용할 수 있는 공간이 되었다. 마치 하나의 벽면처럼 흰색 문짝을 달아 만든 화이트 싱크대가 깔끔 수납에 지대한 역할을 맡았다.

주방의 쉼터처럼 쓰이는 아담한 공간 비좁은 공간이지만 아늑한 멋이 나는 이 곳은 주부의 자리. 소가구로 꾸며 불편함이 전혀 없다.

요리책은 6권 이내로 한정, PC 공간에 보관 컴퓨터 데스크 맞은편에 있는 수납장. 자주 보는 요리책 등을 수납한다.

PC Space
주방 옆쪽에 위치한 작은 공간은 주부의 작업실

Living&Dining room
청소하기 쉽게 감추는 수납이 중심

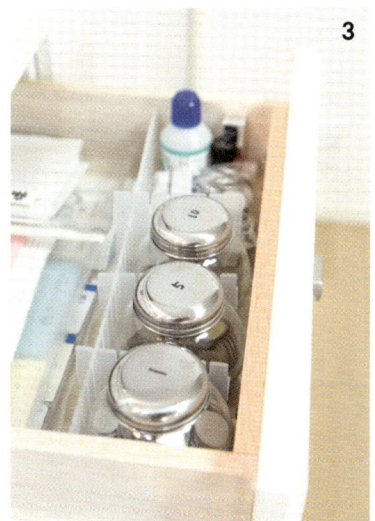

1 서랍을 하나 정해 분류하지 못한 살림들을 수납 분류가 끝나지 않은 영수증이나 아직도 마땅한 장소를 찾지 못하고 있는 물건 등을 수납할 수 있는 서랍을 따로 하나 마련해 두면 편리하다. 내용물이 넘치기 전에 시간이 있을 때마다 수시로 분류하여 제자리를 찾아준다. **2** TV 주위에서 사용하는 소품은 가까운 서랍에 수납 TV와 인접해 있는 서랍장 안에 비디오테이프 및 DVD 등을 보관. 사용 장소가 가깝기 때문에 어질러놓지 않아도 되고 정리도 쉽게 할 수 있다. **3** 동전도 금액별로 병에 넣어 굴러다니지 않게 거스름돈으로 받은 동전은 금액별로 분류하여 병에 넣어 수납. 병뚜껑에 금액을 써 붙여놓아 서랍을 열자마자 찾을 수 있다. **4** 내용물이 보이지 않게 블랙박스에 수납 유리문은 안이 훤히 들여다보이므로 소품들은 가능하면 검은색 상자에 수납. 내용물도 감춰주고 정돈된 인상을 준다.

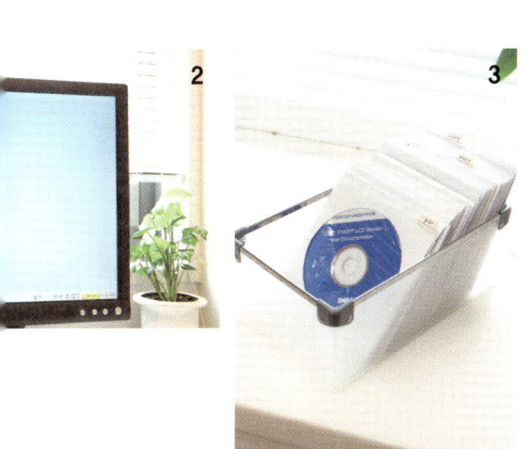

1 얽히기 쉬운 코드는 정리하여 눈에 보이지 않게 컴퓨터 데스크 아래는 복잡하게 얽혀 있는 코드들을 정리하여 감출 수 있는 탭박스를 설치. 구조가 심플하고 먼지를 방지해 주는 효과도 있다. **2** 컴퓨터 화면의 아이콘은 4개까지 컴퓨터도 집과 같은 개념으로 관리. 아이콘이 너무 많으면 복잡해지기 때문에 4개 정도로 한정하여 사용. **3** CD는 케이스를 비닐로 교체하여 부피를 축소 의외로 부피를 많이 차지하는 CD는 부직포 케이스에 넣어두면 두께를 약 1/3로 줄일 수 있다. 인덱스를 붙여놓으면 중첩시켜 보관해도 쉽게 찾을 수 있다.

요즘 트렌드인 LDK형 구조에 맞게 시스템 수납으로 공간을 정리한 집. 주방과 식당, 거실 용품이 모두 시스템 수납 하나로 해결되기 때문에 공간의 여유를 느낄 수 있다. 쾌적한 생활을 유지하기 위해 집 안의 살림을 최대한으로 줄인 절제미가 돋보이는 대표적인 케이스.

case 8

시스템 수납의 멋과 기능이 돋보이는 아름다운 아파트

Living room
살림과 공간의 크기에 맞춘 시스템 수납으로 심플하게 정리

1 파티션 역할을 하는 거실의 사이드 보드 LDK형 공간에 여유를 주기 위해 소파 높이에 맞춰 제작한 사이드 보드. 아이들도 쉽게 이용할 수 있는 높이로, 그림책이나 장난감 등을 보관하기에 좋다. **2 이동이 가능한 트레이형 서랍** 쟁반과 같이 이동이 가능한 서랍은 내용물의 종류에 따라 필요한 장소에 옮겨 놓을 수 있는 것이 장점. 사용 후에는 다시 제자리에 집어넣기만 하면 되므로 뒷정리도 간단하다. **3 AV 기기를 수납하는 공간에 CD와 DVD 전용 서랍을 마련** 벽면 수납의 AV 기기 코너 아래 CD와 DVD 사이즈에 맞춘 전용 서랍을 마련하여 공간의 활용성을 높였다. **4 낡은 책은 문이 달린 책장에 감추는 수납으로** 오래된 책은 장정이 낡아 지저분해 보이므로 문이 달린 책장에 수납. 책을 읽고 나면 필요 없는 책들은 그때그때 처분해야 수납의 번거로움을 덜고 공간도 넓게 활용할 수 있다.

Kitchen

시스템으로 설계된 수납장이 짱짱한 능력을 발휘하는 주방

1 싱크대 위쪽은 살림 없이 비워두는 습관 눈에 가장 먼저 띄는 키친 카운터에는 되도록 물건을 놓지 않는 것이 포인트. **2** 벽면에 수납 도구를 부착 자주 사용하는 조리 도구 등은 벽에 고리를 설치하여 걸어놓는다. **3** 식기에 맞춰 선반 높이를 조절 선반의 높이를 조절할 수 있어 그릇이 늘어나도 무리 없이 수납할 수 있다. 자주 사용하는 그릇은 가장 쉽게 꺼낼 수 있는 위치에 보관. **4** 동선을 절약해 주는 아이디어 가스레인지 옆 슬라이드식의 랙 상단에는 같은 스타일의 용기에 담은 설탕이나 소금 등의 조미료를 수납, 하단에는 파스타, 식초, 맛술 병 등을 보관한다. **5** 랙을 사용하여 데드 스페이스까지 남김 없이 싱크대 아래에는 사이즈에 맞는 랙을 설치하면 공간을 빈틈없이 활용할 수 있다. **6** 컬러와 소재를 맞춰 통일감을 주는 공간으로 실버 컬러의 가전제품에 맞춰 바구니와 병의 색깔까지 통일한 스타일이 있는 수납!

Kid's room
아이들이 스스로 정리할 수 있는 수납공간을 마련

문에 고리를 장착하여 백 등을 수납 옷장 문에 고리를 설치하여 백 등의 소품을 걸어두면 공간 활용도가 높아진다. 옷을 걸어놓은 아래 공간에는 바구니나 상자를 놓아 자잘한 소품들을 모두 정리한다.

옷장에 서랍식 수납함을 배치 아이들 옷은 걸어두면 아래 공간이 많이 남기 때문에 접을 수 있는 의류는 서랍식 수납함을 활용하여 콤팩트하게 정리한다. 서랍식 수납함에는 옷 외에도 다양한 소품 보관이 가능. 수납 케이스는 옷장 크기에 맞춰 구입한다.

장난감 선반은 장식 효과까지 고려하여 귀여운 느낌의 목재 장난감을 오픈 선반에 수납할 때는 장식 효과까지 염두에 두고 정리. 2~3개월에 한 번 수납에 변화를 주면 싫증내지 않고 꾸준히 정리하는 습관을 들일 수 있다.

Bathroom
늘 쓰는 용품은 한곳에 일괄적으로 수납한 기능 욕실

큰 수납장에는 타월이나 일용품을 수납
세면대 반대쪽 벽면에 수납장을 설치. 목욕 타월이나 가운, 청소용품 등 부피가 큰 것들을 보관한다.

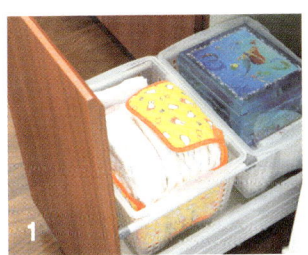
1

2

1 위생용품은 바구니에 위생용품은 목욕 후 곧바로 사용할 수 있도록 세면대 아래에 있는 서랍식 수납함에 보관하면 언제나 편하게 꺼내 쓸 수 있다. **2 포장 케이스에서 꺼내 콤팩트하게 수납** 화장지나 애완견 푸드 등의 일용품은 포장 케이스에서 꺼내 콤팩트하게 수납하는 것이 공간을 효율적으로 사용하는 비결.

많은 물건을 수납할 수 있는 심플한 세면 공간 거울 안쪽에도 안길이가 짧은 수납장이 붙어 있어 칫솔, 치약, 타월 등 간단한 소품을 넣을 수 있다. 세면대 위의 소품은 모두 흰색으로 통일하여 청결감을 강조.

03 공간별 수납 노하우

Living & Dining room

살림 많은 가족 공간,
품목에 맞게 분리 수납하는 것이 우선이다

1 자주 사용하는 것들만 리빙룸에 DVD나 CD는 좋아하는 것들만 엄선하여 리빙룸에 놓는다. 양이 많으면 수납 선반에 직접 진열하기보다 CD나 DVD 전용 랙을 구입하여 수납한다. **2 리모컨은 바구니에 수납** TV, 오디오, 에어컨 등 리빙룸에 널려 있는 리모컨은 한데 모아 전용 바구니에 깔끔하게 정리한다. **3 전자 제품은 가능하다면 한곳에 모아서 배치한다** 철제 랙에 TV와 노트북, 프린터 등을 모두 수납. 제품 설명서 등을 정리한 파일 박스까지 한데 놓으면 콤팩트한 '전자 공간'이 완성.

4 편지, 카탈로그, 영수증 등은 파일에 넣어서 세워서 보관 정리를 게을리 하면 금세 수북이 쌓이는 카드 사용 명세서나 전단지, 카탈로그 등은 필요한 것만 분류해서 파일에 담아 보관한다. 파일 아래나 위쪽에 내용물을 상징하는 스티커 등을 붙여놓으면 쉽게 찾을 수 있다. **5 전화기 옆에는 필기구를** 열쇠와 시계, 선글라스 등 외출 시 필요한 소품을 보관하는 수납장. 전화기가 있는 경우엔 메모지와 필기구까지 세트로 놓는다. **6 벽돌과 선반으로 만든 간이 AV 랙** 단지 벽돌 몇 장과 선반을 이용하여 TV와 게임기 등 AV 기기를 간단하게 정리. 심플하면서도 색다른 분위기까지 연출할 수 있다.

7 전화기 밑에 있는 서랍에는 전화번호부를 수납 가끔은 전화번호부를 사용할 것에 대비해 도도록 전화기 주변에 비치해 놓을 것. 서랍이 달린 선반은 전화번호부와 필기구를 함께 보관할 수 있어 금상첨화. **8 월 포켓으로 우편물을 관리** 쌓이기 쉬운 우편물은 집으로 갖고 들어오는 즉시 월 포켓에 보관하는데, 반드시 가족별 지정 장소를 마련해 놓는다. 1주일 정도의 간격으로 버릴 것과 간직할 것을 추려내면 우편물 관리가 훨씬 쉬워진다. **9 휴대 전화는 지정된 장소에** 휴대 전화를 놓는 장소를 지정해 놓으면 집에서도 찾으러 다니는 일이 줄어들 것이다. 트레이 위에 자주 사용하는 액세서리 등과 함께 선반이나 책상 위에 올려놓아도 OK.

10 손잡이가 붙은 바구니에 보관하면 이동할 때 편리 아이들이 어린 시절에는 방보다 리빙룸에서 지내는 시간이 많다. 이 시기 아이들 소품을 담아 두는 데는 손잡이 달린 바구니가 최고, 수납하기도 쉽고 가볍고 이동성이 좋아 어른 아이 할 것 없이 누구에게나 환영받는 아이템이다. **11 잡다한 애견 용품은 감추는 수납으로** 벽난로 같이 보이지만 실은 애견 용품을 수납하고 실제 생활까지 가능한 애견 하우스다. 상부의 굴뚝 부분에 선반이 설치되어 있어 애견용 장난감, 목줄, 옷 등을 수납할 수 있다.

Kitchen

감추는 수납과 보이는 수납을 병행하여
편리성을 높이는 것이 포인트

1 선반 높이에 맞춰 랙을 사용하여 수납 높이가 제법 있는 선반에 식기류를 올려놓을 경우 랙을 사용하면 많은 양을 수납할 수 있다. 단, 식기를 종류별로 나눠서 정리하되 너무 많이 포개 놓지 않는 것이 포인트. **2 깊이가 있는 서랍에는 트레이를** 서랍은 트레이를 사용하여 수납하면 내용물이 서로 섞이지 않아 편리하다. 큰 서랍에 많은 양의 커트러리를 수납할 경우 부피가 있고 길이가 긴 것은 아래에, 자주 사용하는 것들은 종류별로 나눠 트레이에 담아 위에 놓는다. **3 아끼는 그릇은 천을 사용하여 상처를 방지** 소중하게 간직하고 싶은 그릇은 포개 놓을 때 혹시라도 상처가 생기는 것을 방지하기 위해 그릇 사이에 부드러운 천이나 키친 페이퍼 등을 끼워 넣는다.

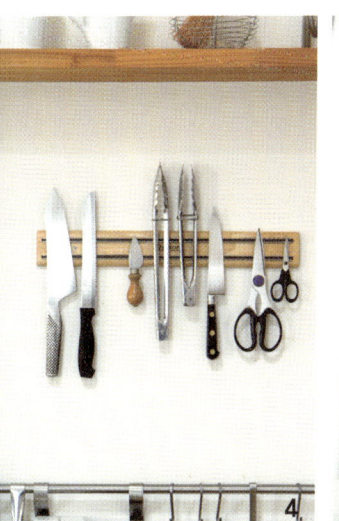

4 자석을 사용한 나이프 랙으로 콤팩트하게 수납 강력한 자석의 힘을 이용하여 칼이나 가위 등의 금속 도구를 벽에 붙일 수 있는 마그네틱 랙. 깔끔하게 수납할 수 있고, 전문가다운 주방 분위기를 연출해 준다. **5 서랍에 고리를 장착하여 자잘한 조리 도구들을 수납** 냄비나 프라이팬 등을 수납하는 싱크대 아래 큰 서랍에 안쪽으로 고리를 장착하면 자잘한 조리 도구들까지 걸어놓을 수 있다. 냄비와 프라이팬은 꺼내기 쉽게 보관. **6 투명 서랍함에 커트러리를 보관** 높이가 낮고 투명한 아크릴 서랍에 커트러리를 종류별로 분류하여 수납. 위생적이며 일목요연하게 정리되어 있어 쉽게 찾아 쓸 수 있다.

7 세워서 수납하면 꺼내 쓰기 편리 싱크대 아래 있는 큰 서랍에는 파일 박스를 사용하여 냄비, 프라이팬 뚜껑 등을 세워서 수납하면 꺼내 쓰기 쉽고 간단하게 정리할 수 있다. **8 패브릭 소품은 바구니에 나눠서** 행주와 런치 매트, 접시받침 등 크기가 다른 패브릭 소품은 사이즈별로 나눠 바구니에 보관하면 꺼내 쓰기 쉽고, 통풍도 잘 돼 위생적이다. **9 보존 용기는 일률적으로 통일** 냉장고에 보관해야 하는 조미료는 용기를 같은 타입으로 통일하는 것이 공간 절약에 효과적. 수납량을 늘리기 위해서는 선반 높이에 맞춰 용기를 선택하는 것이 포인트.

10 귀여운 병에 넣어 오픈식 수납으로 쌀이나 잡곡 등의 식재를 장식 효과가 있는 병에 보관하여 한곳에 정렬해 두면 마치 한 폭의 그림처럼 보이기도 한다. **11 먹고 남은 식품은 유리병에 보관** 먹다가 조금 남은 과자나 티백 등은 봉지째 병에 넣어 눈에 쉽게 띄는 곳에 보관. 정리도 깔끔하고 잊지 않고 끝까지 다 먹을 수 있다.

  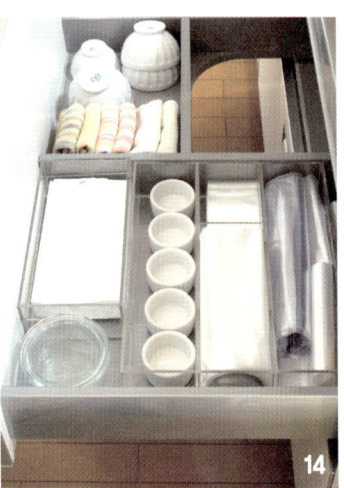 

12 플라스틱 밀폐 용기는 바구니 넣어 플라스틱 밀폐 용기는 가볍기 때문에 벽에 걸어놓은 바구니에 넣어 보관해도 문제없다. 바구니 입구가 커야 안에 있는 용기를 쉽게 찾을 수 있다. **13 포개 놓을 수 있는 볼이나 트레이 등은 수납 서랍에** 모양은 같은데 크기가 다른 볼이나 트레이, 주방 도구 등은 수납이 가능한 서랍에 보관. 장소도 덜 차지하고 정리도 쉽게 할 수 있다. **14 식품 보관용 비닐봉지 등은 포장 케이스에서 모두 꺼내 수납** 비닐봉지나 위생 장갑 등은 보통 한 케이스에 수십 장씩 들어 있는 경우가 많다. 포장 케이스에서 꺼내 내용물만 수납하면 자리도 많이 차지하지 않고 꺼내 쓰기도 편하다. **15 고리나 핀이 있는 창가도 수납 장소로 활용** 에이프런이나 냄비용 장갑 등 주방에서 자주 사용하는 물건은 창가에 있는 핀이나 고리에 걸어놓는 것도 한 가지 방법.

16 상온 보관 채소는 통풍이 잘되는 바구니에 양파나 감자, 마늘 등 냉장 보관하지 않는 채소는 바구니에 담아 서늘한 곳에 보관한다. 눈에 쉽게 띄는 곳에 두어야 썩기 전에 다 먹을 수 있다. **17 조미료 보관은 이동 왜건에** 상온에서 보관 가능한 조미료는 싱크대 아래 있는 왜건에 일괄 수납. 왜건 밑에 바퀴를 달면 필요할 때마다 어디든 끌고 다닐 수 있다.

18 리사이클링 쓰레기는 눈에 쉽게 띄는 곳에 식품을 담았던 일회용 접시, 병, 깡통 등 매일 나오는 리사이클링 쓰레기. 눈에 띄기 쉬운 곳에 수납 케이스를 두어 한데 모았다가 외출할 때마다 갖다 버린다. **19 냉장고 위의 공간도 알뜰하게 활용** 냉장고 위의 빈 공간도 버려두지 말자. 선반을 부착해 부피가 크거나 평소 자주 쓰지 않는 물건들을 올려놓으면 데드 스페이스를 효과적으로 활용할 수 있다. **20 더블 클립으로 걸어서 수납** 튜브 타입의 조미료는 더블 클립을 끼워 포켓 부분에 걸어놓으면 수납공간을 절약할 수 있다. **21 투명 용기에 넣으면 잔량을 쉽게 파악** 국수나 파스타류는 봉지째 보관하지 말고 전용 케이스에 담아둔다. 습기가 덜 차고, 잔량도 쉽게 파악할 수 있어 이중 구매를 방지해 주기도.

Bedroom
의류와 패션 소품의 기능적인 수납으로
좁은 공간의 문제를 극복한다

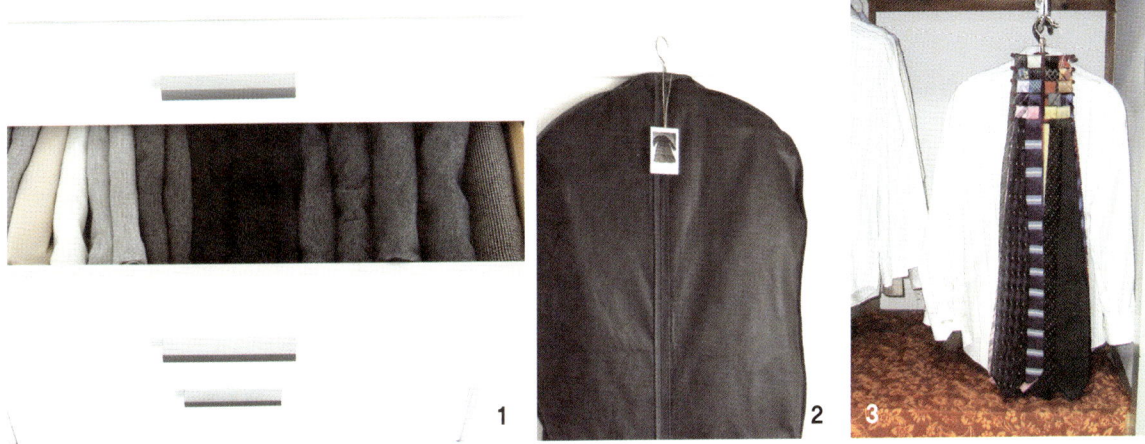

1 서랍 속 의류는 세워서 수납 접은 면이 위로 오게 세워서 수납. 꺼내기도 쉽고 많은 양을 보관할 수 있어 일석이조. **2 의류 커버에 사진을 부착** 부직포 커버는 의류에 먼지가 앉는 것을 방지해 주지만 안의 내용물이 잘 보이지 않는 것이 단점. 쉽게 찾기 위해서는 의상을 촬영한 사진을 커버 위에 태그처럼 붙여 주는 것도 방법. **3 전용 행어로 대량 수납** 넥타이나 벨트 등은 전용 행어에 걸면 한 번에 많은 양을 수납할 수 있다. 바쁜 출근 시간에 원하는 아이템을 빨리 찾을 수 있는 것도 장점.

4 주름 걱정 없는 아이템은 종류별로 바구니에 스카프는 둥글게 말고, 천 가방은 접어서 바구니에 보관한다. 작은 바구니는 공간에 구애받지 않고 자유롭게 사용할 수 있는 것이 장점. **5 자주 사용하는 백은 걸어서** 백은 걸어서 보관하는 것이 방법. 오픈 수납을 하면 형이 쉽게 망가지지 않고 정리하기도 간편하다. **6 데님 등 무게가 나가는 옷들은 수납함 아래쪽에** 주름 걱정을 하지 않아도 되는 데님이나 면 바지 등 무게가 있는 옷들은 되도록 작게 접어서 수납함 아래쪽에 보관한다.

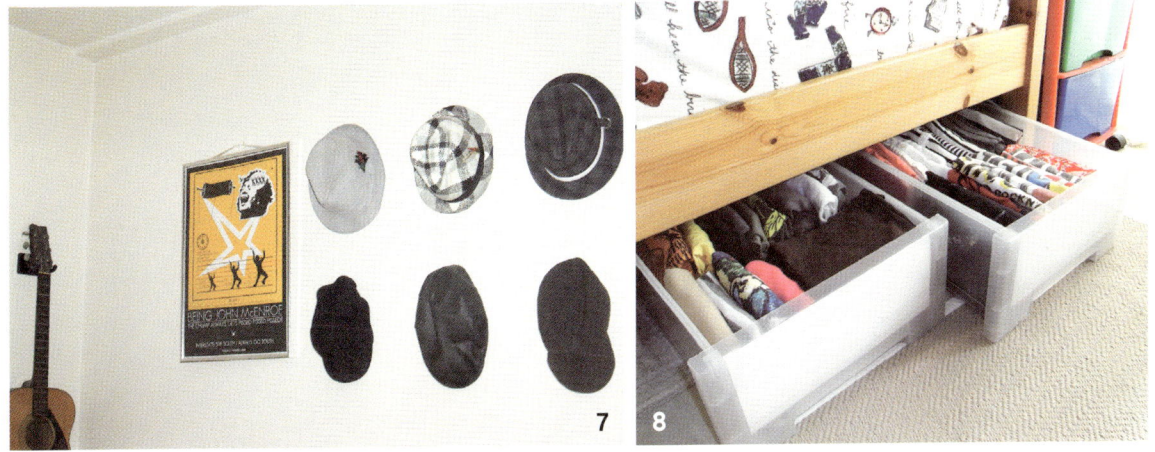

7 모자로 디스플레이한 벽면 모자가 많을 경우라면 핀이나 고리를 사용하여 벽에 걸어두는 것도 좋은 방법. 센스 있게 걸어놓으면 인테리어 못지않은 효과를 준다. **8 철 지난 옷은 침대 아래 수납함에 정리** 서랍식 수납 케이스를 침대 아래 공간에 두고 철 지난 옷들을 보관한다. 안의 옷들이 보일 경우, 어울리는 종이를 접어 수납함 전면에 붙여준다.

Bathroom

손 닿기 쉬운 가까운 장소에
찾기 편하게 정리하는 노하우를 찾는다

1 물 빠짐이 좋은 네트에 장난감을 수납 아이들의 목욕용 장난감을 넣는 수납 네트. 물 빠짐이 좋아 위생적이며 장식 효과까지 준다. **2 세숫대야 등은 벽에 거는 수납도 OK!** 세숫대야, 바가지 등의 세면용품을 벽에 걸어두면 건조가 빨리 되고, 곰팡이가 끼지 않아 위생적이다. **3 화장실 위쪽도 틈새 보관 장소로** 손이 닿는 위쪽에 선반을 설치하여 휴지나 세제 등을 수납하면 먼지가 앉지 않아 위생적으로 보관할 수 있다. **4 소품은 바구니나 용기에 담아 깔끔하게 정리** 예비용 화장지는 바구니에 담고, 청소용 시트는 전용 용기에 담아 일정한 장소에 두면 항상 깔끔하고 정돈된 이미지를 준다. **5 일회용 브러시를 사용하는 것이 위생적** 한 번 쓰고 버리는 일회용 브러시는 비용이 부담이 있긴 하지만 일반 브러시에 비해 훨씬 위생적이고 장소가 좁은 곳에서도 사용할 수 있다. 스프레이 세제는 용기의 꼭지 부분을 수도관에 걸쳐놓으면 공간도 절약되고, 쉽게 눈에 띄어 청소도 자주 하게 된다.

6 매거진 랙을 이용하여 타월을 수납 잡지를 수납하는 데 사용하는 매거진 랙은 세면실에서도 효과 만점. 따로 타월을 수납할 공간이 없는 경우 세면실에 놓고 사용하면 공간도 많이 차지하지 않고 많은 양을 수납할 수 있다. **7 세면대 아래는 공간을 분할하여** 수납공간은 좁은데, 많은 양의 물건을 보관해야 할 경우 공간을 분할해서 사용하는 것이 효과적. 세면대 아래는 크기에 맞춰 2단이나 3단 랙을 설치하면 비누나 세제 등을 종류별로 나눠 수납할 수 있다. **8 와이어로 제작된 바구니는 통기성이 우수** 매일 사용하는 목욕 용품은 주방용 와이어 바구니에 담아 보관해도 OK. 보기도 좋고 통기성이 뛰어나 위생적이다. **9 세탁용 옷걸이는 부피가 작은 케이스에 수납** 장소가 마땅치 않은 세탁용 옷걸이는 작은 케이스에 넣어 보관하거나 랙의 한쪽 구석에 가지런히 놓아둔다. **10 타월은 접은 면이 앞쪽으로 오게 수납** 장 안길이에 맞춰 접은 타월. 접은 면이 앞쪽으로 오게 수납하면 꺼내 쓰기 편하고 외관상으로도 정돈된 인상을 준다. **11 세탁기 위의 공간도 유용하게 활용** 생활용품 전문점에서 구입할 수 있는 조립식 오리지널 선반. 세탁기 위의 빈 공간에 설치하면 수납공간이 부족한 세면실에서 소품들을 적절하게 수납할 수 있다.

Kid's room

아이의 눈높이에 맞는 가구와 도구로
스스로 정리하는 즐거움을!

1 자주 사용하는 물건은 늘 같은 장소에 옷이나 자주 꺼내 쓰는 소품들은 옷장에서도 장소를 정해 늘 그 자리에 수납한다. 종류별로 분류한 아이템은 케이스에 담아 내용물을 적은 라벨을 붙여 놓으면 쉽게 찾을 수 있고 옷장 관리도 깔끔하게 할 수 있다. **2 외출 용품은 한데 모아 보관** 외출할 때 서두르는 일이 없으려면, 외출 시 필요한 옷, 가방, 모자, 간식 용기 등을 모두 한데 모아 일정한 장소에 보관하는 것이 요령. **3 아이 손이 닿는 위치에 잘 보이게 수납** 장난감은 크기와 종류별로 분류하여 크고 작은 케이스에 나눠서 보관한다. 그림책과 학교에서 받은 프린트, 가방 등도 모두 한곳에 정리해 둔다. 수납함을 아이 손이 닿는 위치에 놓아 스스로 정리하는 습관을 길러줄 것.

4 유치원용 아이템은 언제나 제자리에 책상 아래 고리를 설치하여 유치원 가방과 모자 등을 걸어두는 장소를 정해 준다. 혼자 정리하는 습관을 들이면 자립심도 길러진다. **5 놀이 내용에 따라 장난감을 분류** 수도 없이 늘어나는 것이 아이들 장난감이다. 수납할 때는 놀이별로 분류하여 정돈하는 것도 좋은 방법. 가령 빨간 박스에는 '의사 놀이' 장난감, 파란 박스에는 '시장 놀이' 장난감 등으로 수납한다. 놀이를 할 때는 해당 박스만 꺼내면 되므로 간편하고, 뒷정리도 쉽게 할 수 있다.

Work Space

보관할 품목을 최소한으로 줄여
비좁지만 쓰임새 높은 공간으로 완성

1 필요한 기사만 발췌해서 스크랩하고 나머지는 버릴 것 정보의 홍수 속에 살고 있는 요즘. 아무리 좋은 정보가 담겨 있다고 해도 신문이나 잡지 등을 버리지 않은 채 모두 껴안고 살아가는 것은 불가능하다. 자신에게 유용한 정보만 따로 분리해서 스크랩을 해두는 것이 가장 좋은 방법이다. 스크랩을 할 때는 반드시 꼭 필요한 기사만 발췌해 파일에 정리해 둔다. 장르별 또는 잡지별로 자신의 취향에 따라 수납 스타일을 결정하는 것도 한 가지 방법이다. **2 다양한 숍에서 받은 카드나 명함 등은 파일에** 방문한 숍에서 받은 카드나 명함은 파일에 넣어 일괄적으로 보관. 숍의 종류나 시기별로 분류하는 등 자신이 가장 쉽게 관리할 수 있는 방법을 택해 정리한다. **3 높이 조절이 가능한 선반을 사용해 최대한 수납** 책의 높이에 따라 선반 위치를 바꿀 수 있는 책장이라면 많은 양을 수납할 수 있다. 책장 앞에 소파가 있을 경우 하단에는 비교적 잘 읽지 않는 책들을 꽂아둔다.

4 오래 간직하고 싶은 물건은 쇼케이스에 편지를 쓰고 싶을 때 필요한 편지지, 펜 등을 고가구점에서 구입한 과자 쇼케이스에 담아 보관하는 것도 운치가 있다.
5 털실이나 펠트 재료, 바느질 소품 등은 색상을 알기 쉽게 유리병에 펠트 소품에 사용하는 양모는 유리병에 담아 보관하면 색상을 쉽게 구별할 수 있어 편리.

Entrance
넣기 쉽고, 꺼내기 편리한
신발 수납이 핵심이다

1 선반을 늘려 수납량을 증가 성인용 신발에 맞춘 신발장 선반 위에 다시 선반을 끼워 넣어 아이들 신발을 수납. 2배의 수납 효과를 얻을 수 있는 공간으로 재탄생했다. **2 쉽게 찾을 수 있게 구두 상자에 사진을 부착** 사용 빈도가 낮은 구두는 평소 상자에 넣어 보관. 이때 구두를 촬영한 사진을 상자에 붙여 놓으면 신을 때마다 뚜껑을 일일이 열어보지 않아도 된다. **3 부츠용 선반을 따로 만든다** 다른 신발들과 함께 보관하기 곤란한 부츠. 전용 선반을 따로 만들어 보관하면 공간 절약에 큰 도움을 준다. **4 외출용품은 한곳에 수납** 현관 옆 벽면에 가족 숫자대로 고리를 부착하여 각자 빈번하게 사용하는 외출용품을 걸어 놓는다. 아이들도 스스로 찾아 사용할 수 있도록 손이 닿는 위치에 고리를 부착, 벽에 걸어놓는 수납은 조금만 센스를 발휘하면 분위기 없는 공간이 스타일리시한 공간으로 바뀔 수 있다.

   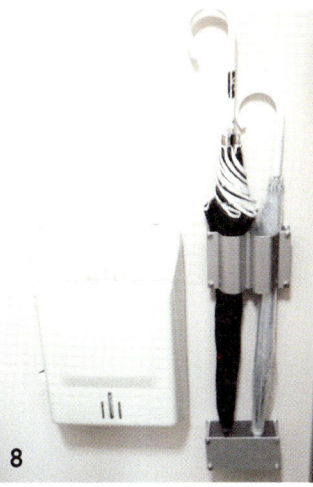

5 실내용 슬리퍼는 넣고 꺼내기 쉽게 실내용 슬리퍼를 앤티크한 오픈 박스에 수납하여 현관 한쪽에 보관. 정돈하기 쉽고 편하게 꺼내 신을 수 있다. **6 가끔 신는 구두는 전용 수납 박스에** 신발장에는 평소 자주 신는 신발을 우선적으로 수납하는 것이 원칙. 파티용 구두나 아껴 신는 신발은 따로 서랍식 수납함을 마련하여 보관하면 공간도 많이 차지하지 않고 오랫동안 새 것처럼 신을 수 있다. **7 금속 도어에는 자석 고리를 이용** 도어가 금속으로 되어 있다면 자석식 고리를 이용해 보자. 잊어버리기 쉬운 현관 열쇠나 우편물을 받을 때 필요한 볼펜, 문구류 등을 바구니에 담아 걸어놓으면 요긴하게 사용할 수 있다. **8 젖은 우산은 일단 우산 꽂이에** 집에 갖고 들어온 젖은 우산은 곧바로 수납이 불가능하다. 일단 도어에 설치한 자석식 우산 꽂이에 세워 놓으면 공간도 많이 차지하지 않고 물이 빨리 빠져 깔끔하게 관리할 수 있다.

Do It Yourself

패널 판자와 값싼 선반장으로 만든
실용 만점 수납 도구

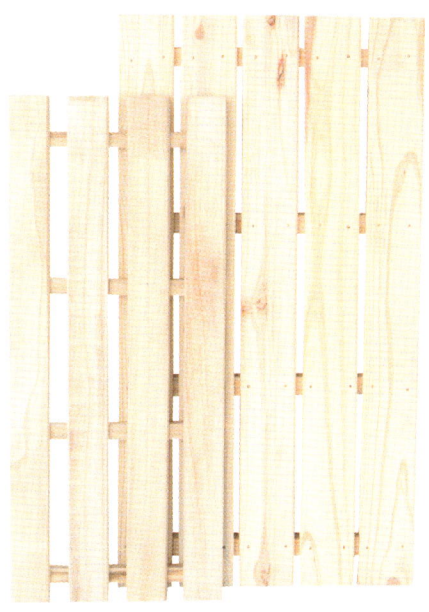

패널 판자
작고 가벼운 선반용과 두껍고 내수성이 강한 욕실용 등이 있다. 수납 용도와 크기, 놓는 장소 등을 먼저 결정한 후 필요한 것을 구입한다.

3단 선반장
가볍고 옮기기 쉬운 속이 비어 있는 타입과 강도 높은 파티클보드(강화 목재)로 만든 것이 있다. 2단, 3단, 4단 타입 등이 있으므로 필요에 따라 적절한 것을 고른다.

DIY에 필요한 도구

드라이버, 송곳 드라이버는 나무용 나사를 죌 때 필요. 전동 드릴이 있으면 쉽게 구멍을 낼 수 있다. 나무용 나사는 송곳이나 전동 드릴로 구멍을 낸 후 끼워서 조여주면 판자가 파손되지 않는다.

나무용 나사 못을 사용하는 것보다 확실하게 고정시켜 주는 힘이 있다. 잘못 되면 다시 박을 수도 있기 때문에 초심자에게 적당하다. 판자의 두께 등을 고려하여 나사의 직경과 길이를 결정한다.

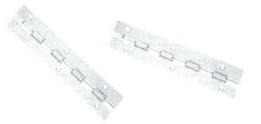

경첩 바깥쪽에 붙이는 타입과 안쪽에 붙이는 타입이 있으며, 문에 사용할 때는 틈새를 고려하여 축이 너무 두껍지 않은 것을 택한다.

바퀴 앞뒤로만 움직일 수 있는 것과 360도 회전하는 것, 멈추는 장치가 장착된 것 등 다양한 종류가 있으므로 용도에 맞게 구입한다.

페인트, 브러시, 마스킹테이프(종이테이프) 가정용으로는 냄새가 적고 얼룩 없이 바를 수 있는 수성 페인트가 적당하다. 칠을 할 때는 비닐이나 종이 등을 바닥에 깔고 시작한다. 브러시는 수성 페인트에 적당한 것을 구입하고, 회화용 가는 브러시가 있으면 수정할 때 요긴하게 사용할 수 있다. 마스킹테이프는 칠이 옆으로 비어져 나오는 것을 방지해 주고 모양을 만들 때도 사용할 수 있다.

만 드 는 법

1 욕실용 판자, 밑판, 옆판, 선반, 각목에 수성 페인트를 칠해 건조시킨다.

2 밑에 옆판을 그림과 같이 나무용 나사로 고정시킨다. 밑판의 세로 길이가 옆판의 길이에 비해 (12mm) 짧기 때문에 앞쪽에서 맞춘다.

판자가 들어가는 부분. 12mm가 짧다.

3 ②의 안쪽으로 판자를 끼워놓고 나무용 나사로 측면에서 조인다.

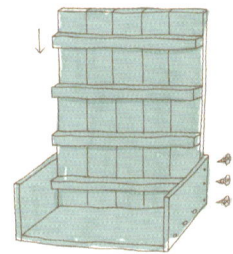

4 옆판 위쪽의 모서리에 L자형 금구를 올려놓고, 나사를 박는 위치를 확인한 후 욕실용 판자의 가로대에 각목을 부착시킨다.

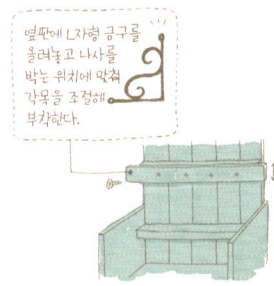

옆판에 L자형 금구를 올려놓고 나사를 박는 위치에 맞춰 각목을 조정해 부착한다.

5 옆판 위의 금구를 나사로 고정시킨다. 가장 위쪽의 가로대에 고리 나사를 박고, 2단 가로대에는 선반을 올려놓은 후 위에서 나사로 고정시킨다. 옆판 전면에 리본을 두르고 호치키스나 목재용 본드로 부착한다. 호치키스를 사용할 때는 180도로 벌린 상태에서 누른다.

외출 준비를 덜어주는 현관 수납 & 슬리퍼 랙

재 료
- 욕실용 판자(W465×D850×H40mm) 1장
- 밑판(W460×D168×H18mm) 1장
- 옆판(W180×D180×H18mm) 2장
- 선반(W460×D100×H9mm) 1장
- 각목(W500×D15×H20mm) 1장
- 고리 나사 4개
- L자형 금구(W20×D115×H150mm) 2개
- 리본(500mm 이상) 5개
- 나무용 나사(직경 3.1×길이 32mm) 20개
- 수성 페인트(올리브 그린)

도 구
- 전동 드릴 또는 드라이버
- 송곳
- 페인트용 브러시
- 호치키스 또는 목공용 본드

만드는 법

1 도어용 판자와 컬러 박스의 서랍 앞면만을 화이트 페인트로 칠한 뒤 건조시킨다.

2 제일 위쪽의 선반을 빼낸 상태에서 컬러 박스를 조립한다. 뒤판에 틈이 생길 수 있으므로 흰색 박스 테이프를 안쪽에서 붙인다.

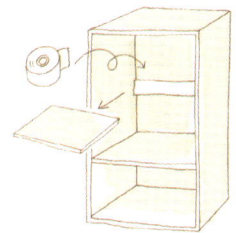

3 서랍용 박스에 40mm 간격으로 마스킹테이프를 붙이고, 스트라이프 무늬가 나오도록 페퍼민트 그린 컬러의 페인트를 칠한다.

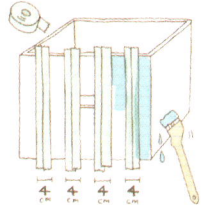

4 스펀지를 가위로 직경 4~5cm의 원형으로 자른 뒤, 밑면에 핑크색 페인트를 발라 도어용 판자에 찍는다.

5 경첩을 본체에 단다. 본체와 도어 간격을 2mm 정도 벌려 놓고 작업한 뒤 개폐에 지장이 없는지 확인한다.

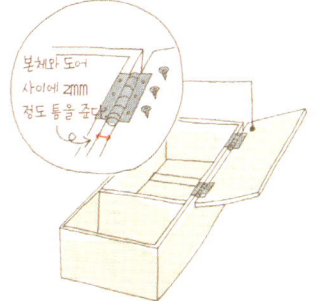

6 도어에 마그네틱 캐치와 손잡이를 부착하고 안에 봉을 설치한다.

3단 수납장으로 만든 깜찍한 아이용 옷장

재료
- 3단 수납장 (W415×D289×H880mm) 1개
- 도어용 판자(W415×D590×H9mm) 1장
- 서랍용 박스 1개
- 손잡이 1개
- 경첩 2개
- 옷걸이를 거는 봉(길이 400mm 안팎으로) 1개
- 수성 페인트(화이트, 핑크, 페퍼민트 그린)
- 나무용 나사(직경 3.8×길이 16mm) 18개
- 흰색 박스 테이프

도구
- 전동 드릴 또는 드라이버
- 송곳
- 페인트용 브러시
- 마스킹테이프
- 스펀지(약간 딱딱한 것으로)
- 얕은 접시(페인트용)

3단 수납장으로 만든 **장난감 수납 벤치**

재 료
- 3단 수납장 (W415×D289×H880mm) 1개
- 뚜껑용 판자, 보강용 밑판 (W878×D415×H12mm) 2개
- 천(W900×H450mm 이상) 1장
- 수예용 솜 100g
- 바퀴 6개
- 나무용 나사(직경 3.8×길이 16mm) 24개
- 경첩 3개
- 누름 핀 50개 정도
- 흰색 박스 테이프

도 구
- 전동 드릴 또는 드라이버
- 송곳

만 드 는 법

1 수납장 뒤쪽에 보강용 판자를 대고 나사로 고정한다.

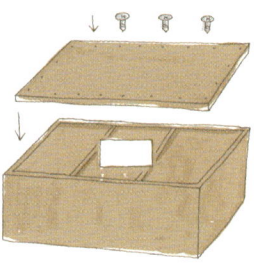

2 천을 뚜껑용 판자보다 50mm 정도 크게 자른다. 솜을 30~40mm 정도의 두께로 균등하게 뚜껑용 판자 위에 깐다. 밑에서부터 천, 솜, 뚜껑용 판자 순이 되게 올려놓는다. 솜이 모서리에 약간 닿을 정도로 넓게 깐다.

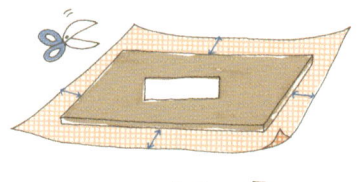

3 긴 천을 모서리에 있는 솜과 함께 안쪽으로 10mm 정도 접어놓고, 30~50mm 간격으로 누름 핀을 꽂아 고정시킨다. 핀을 감추기 위해 위에서부터 박스 테이프를 붙인다. 다음 반대쪽 천을 잡아당기면서 같은 방법으로 마무리한다. 코너 쪽 천을 깨끗하게 접어 정리한다.

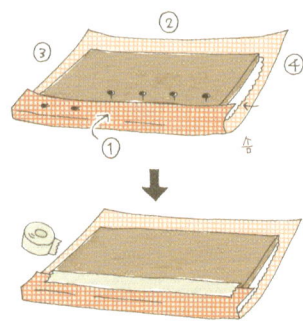

4 ③의 뚜껑을 경첩으로 수납장에 부착시키는데, 천으로 감싸 부착시키기 어려울 때는 천을 약간 잘라내도 괜찮다. 밑판에 균등하게 바퀴 6개를 단다.

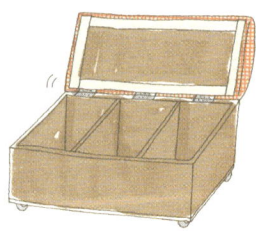

버리는 공간도 알뜰하게 활용하는 **코너 랙**

재 료
- 선반용 패널 판자
  (W350×D750×H28mm) 2장
- 삼각 판자(가로 세로 320mm
  판자를 대각선으로 잘라 사용) 4장
- 나무용 나사(직경 3.8×길이 13mm)
  32개

도 구
- 송곳
- 드라이버

만 드 는 법

1 삼각 판자는 송곳으로 구멍을 뚫은 뒤 선반용 판자의 가로대에 삼각 판자를 a와 같이 올려놓는다. 구멍에 나사를 집어넣고 드라이버로 세게 조이면서 끼운다. 또는 b와 같이 선반용 판자를 양옆으로 맞대면 코너 부분에 틈새가 생기므로 삼각 판자를 구석까지 확실하게 밀어 넣은 뒤 고정시킨다.

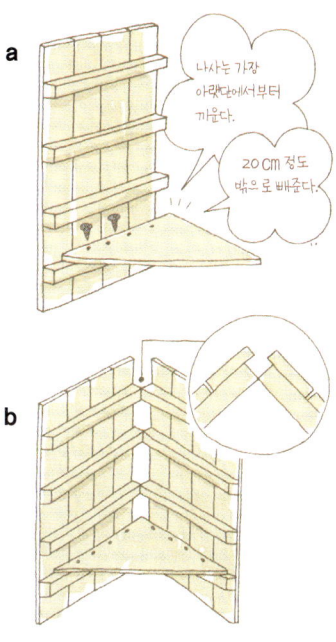

2 아래쪽부터 ①과 같은 방법으로 삼각 판자를 맞춘다.

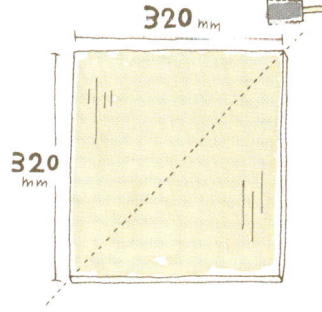

※가로 세로 320mm의 판자를 대각선으로 자를 경우 톱날의 두께에 의해 판자가 깎여나가 어느 한쪽의 사이즈가 약간 작아질 수 있으므로 삼각 판자를 끼울 때는 밑에서부터 큰 것, 작은 것을 교대로 맞추는 것이 좋다.

Tool

비좁은 공간의 문제를 해결하는 수납 도구 리스트

제품 / 무인양품(www.mujikorea.net, 02-2632-8470)

옷 정리 도구

3단 수납 선반 떡갈나무 소재의 3단 수납장. 진 종류를 가지런히 접어 차곡차곡 쌓아두면 좋다. 청바지, 면바지, 반바지 등으로 나눠 수납하면 더욱 편리할 듯. 티셔츠를 롤케이크처럼 동그랗게 말아 보관해도 귀엽다. 42×28.5×121cm, 23만원

4칸 서랍 경질 펄프로 제작한 소형 크기의 4칸 서랍. 속옷이나 양말 등 작은 옷가지들을 수납하기 좋다. 혹은 편지나 청구서, 영수증 등을 보관해도 OK. 36×25.5×16cm, 7만5천원

링 행어 라탄 소재를 사용해 만든 원형 옷걸이. 구겨지기 쉬운 스카프나 머플러 한두 개를 걸어두기에 적당하다. 직경 17cm, 8천5백원

더블 수평 행어 자리를 많이 차지하지 않으면서도 2단으로 되어 있어 수납력이 좋은 행어. 옷의 길이와 컬러를 맞춰가며 순서대로 걸어두는 것이 외관상 보기 좋나. 87×60×160cm, 11만5천원

소프트 박스 계절이 지난 옷을 보관하기 편리한 제품. 뚜껑이 있기 때문에 박스를 차곡차곡 쌓을 수 있고, 손잡이가 있어 단거리 여행에 사용할 수도 있다. 37×26×26cm, 2만5천원

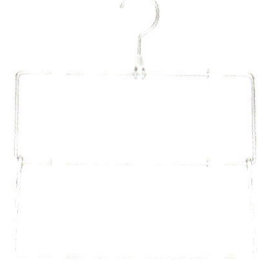

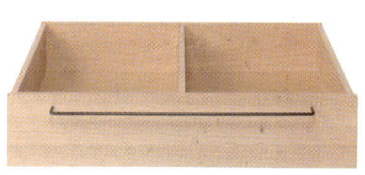

스커트 행어 한 번에 세 벌의 스커트를 걸 수 있는 옷걸이. 길이별로, 색깔별로 함께 보관하기 용이하다. 알루미늄 소재에 착색을 시키지 않은 것이 장점. 35×3×38.5cm, 1만6천원

캐스터 스토커 안료를 사용하지 않은 무색 수납장. 키가 낮은 서랍 세 칸, 중간 서랍 세 칸, 높은 서랍 한 칸으로 구성되어 있어 다양한 크기와 종류의 옷을 규격에 맞게 수납할 수 있다. 아이들 장난감을 수납하기도 좋다. 18×40×122cm, 9만4천원

침대 밑 수납 박스 물푸레나무로 만든 정리함. 침대와 바닥 사이 20cm 정도의 공간이 남는 곳에 유용하다. 양말이나 속옷, 철 지난 옷들을 수납하기 좋으며, 뚜껑이 있는 제품이라면 더욱 편리하다. 80×60.5×19cm, 15만원

주방 & 다용도실 수납 키트

페달식 더스트 박스 주방의 위생을 책임지는 쓰레기통은 특히 청결하게 관리해야 한다. 젖은 손으로 열지 않아도 되는 페달식 쓰레기통은 뚜껑이 달려 있어 더욱 위생적이다. 21×42.5×55cm, 6만2천원

와이어 바스켓 설거지를 끝낸 주방용품들의 물기를 빼주는 바스켓. 설거지한 그릇들을 겹쳐 놓으면 물기가 잘 빠지지 않아, 그 공간 안에 세균이 번식할 수 있다. 더운 여름에는 특히 주의해야 하니 꼭 이런 와이어 바스켓에 개별적으로 건조시킨 뒤 겹쳐 보관할 것. 46×29×14cm, 2만9천원

세탁 박스 빨랫감을 한곳에 모으면 나중에 세탁물을 분류하기도 쉽고, 양말 따위의 분실 위험도 훨씬 줄어든다. 빨랫감이 보이지 않는 이 세탁 박스는 불시에 손님이 와도 민망하지 않다는 장점이 있다. 41×24×54cm, 4만5천원

보관용기 고무 패킹된 보관 용기. 다소 무겁긴 하지만 수분과 공기를 잘 차단해 주기 때문에 눅눅해지면 곤란한 설탕이나 파스타 등을 보관한다. 같은 모양의 보관 용기를 사용하면 공간도 효율적으로 사용할 수 있으며 보기에도 예쁘다. 큰 것부터 순서대로 1000ml, 800ml, 500ml, 1만2천원, 1만천원, 9천5백원

와이어 박스 와이어 바스켓이 발전된 형태. 싱크대 위의 선반에 장착할 수 있도록 고안되었다. 28×26.5×14cm, 3만5천원

수납 봉투 튼튼한 주트 소재로 만든 수납 봉투. 채소나 과일, 건조 식품 등을 보관하거나 장바구니로도 활용 가능하다. 흙 묻은 상태 그대로 보관해야 하는 감자나 파 등도 보관할 수 있는 아이템. 26×16×26cm, 1만3천5백원

캐비닛 물푸레나무 소재의 브라운 장식장. 그릇이나 주방용품을 보관하기 편리하다. 유리문이 달려 있어 좋아하는 그릇들을 세팅 감각으로 보관하기에도 제격. 80×40×83cm, 56만원

2X3 선반 물푸레나무로 제작된 선반. 높이가 낮고 안길이가 깊어 안전한 수납을 할 수 있다. 120×40×83cm, 62만원

슈즈 박스 신발장의 하이힐을 정리할 때 사용하는 신발 상자. 한쪽 구두를 상자에 넣고, 나머지 한 짝을 케이스 위에 반대로 올려두면 된다. 좁은 공간을 200% 활용 가능한 아이디어 상품. 10×26×12cm 1만원(3개)

각종 수납 도우미

아크릴 케이스 + 칸막이 말 그대로 잡동사니들을 수납할 수 있는 아크릴 2단 서랍. 책상 위, 화장대 위에 놓고 자잘한 소품들을 수납한다. 칸막이를 이용해 자유롭게 칸을 나눌 수 있는 것이 장점. 케이스 25.5×17×9.5cm, 3만원. 칸막이 높이 3.5cm, 5천원(4매)

걸어서 쓰는 샤워 랙 스테인리스 소재의 선반. 샤워대에 건 후, 기울어짐을 막기 위해 흡반으로 벽에 부착한다. 비누, 샤워 타월, 면도기 등 작고 가벼운 것들 위주로 올려 놓고 사용한다. 25×12×50cm, 4만5천원

직사각형 바스켓 라탄 소재의 직사각형 바구니. 아이들 장난감이나 인형 등을 보관하거나 모자, 가방, 헤어밴드 같은 소품을 보관해도 좋다. L : 26×36×24cm 5만 4천원. M : 26×36×16cm, 4만3천원

유닛 선반 소나무로 제작된 선반. 슬림한 타입이라 방을 넓게 쓸 수 있으며, 문고본이나 잡지 등을 수납하기 좋다. 상장이나 작품, 화분 등을 올려두기에도 유용하다. 86×26×120cm, 16만원

파일 박스 하프 무늬 없는 골판지 소재를 사용한 심플한 파일 박스. 깔끔하게 정리하기 쉽지 않은 서류들이나 중요한 파일들을 모아 놓으면 손쉽게 찾을 수 있다. 눕혀서 보관해도, 세워서 책꽂이로 장식해도 단정한 느낌. 12.3×31.6×10cm, 1만1천원(5개)

메탈 박스 함석으로 만들어진 조그마한 수납 상자. 찻잎이나 약을 보관해도 좋고, 뚜껑을 열어 브러시 따위의 화장 소품을 수납해도 OK. 20×26×15cm, 2만8천원

동선을 고려한 '계획 수납'의 원칙

물건을 수납하는 장소와 사용 장소가 가까울수록 정리가 쉬워지는 것은 당연한 일. 정리가 간단하면 살기 좋은 집을 만드는 것도 어렵지 않다. 가족과 함께 수납 실력을 발휘하여 쾌적하고 편리한 공간을 만들어보자.

집에 있는 물건은 적재적소에 배치

중요한 것 중의 하나가 바로 동선을 고려한 계획 수납이다. 이를테면 사람의 행동에 맞춰 물건과 공간 배치를 결정하는 것이다. 집을 지을 때도 요구되는 조건이지만 수납에서는 '필요한 장소에 필요한 물건을 보관하는' 것을 의미한다.

어렵게 생각할 수도 있겠지만, 가령 조리 도구는 주방에, 칫솔이나 세면 타월은 욕실에 두는 것처럼 물건이 주로 쓰이는 장소에 수납하는 것이라 생각하면 된다. 집 안에 있는 물건이 적재적소에 배치되어 있다면, 매일 편리하고 기분 좋은 생활을 할 수 있을 것이다.

이렇게 효과적인 수납을 실현하기 위해서는 우선 집 안에 무슨 물건이 있는지 정확히 파악하고, 가족이 언제 어디에서 무슨 물건을 사용하는지 1일의 행동반경을 구체적으로 시뮬레이션 해놓으면 수납 장소를 정하기가 한층 쉬워질 것이다.

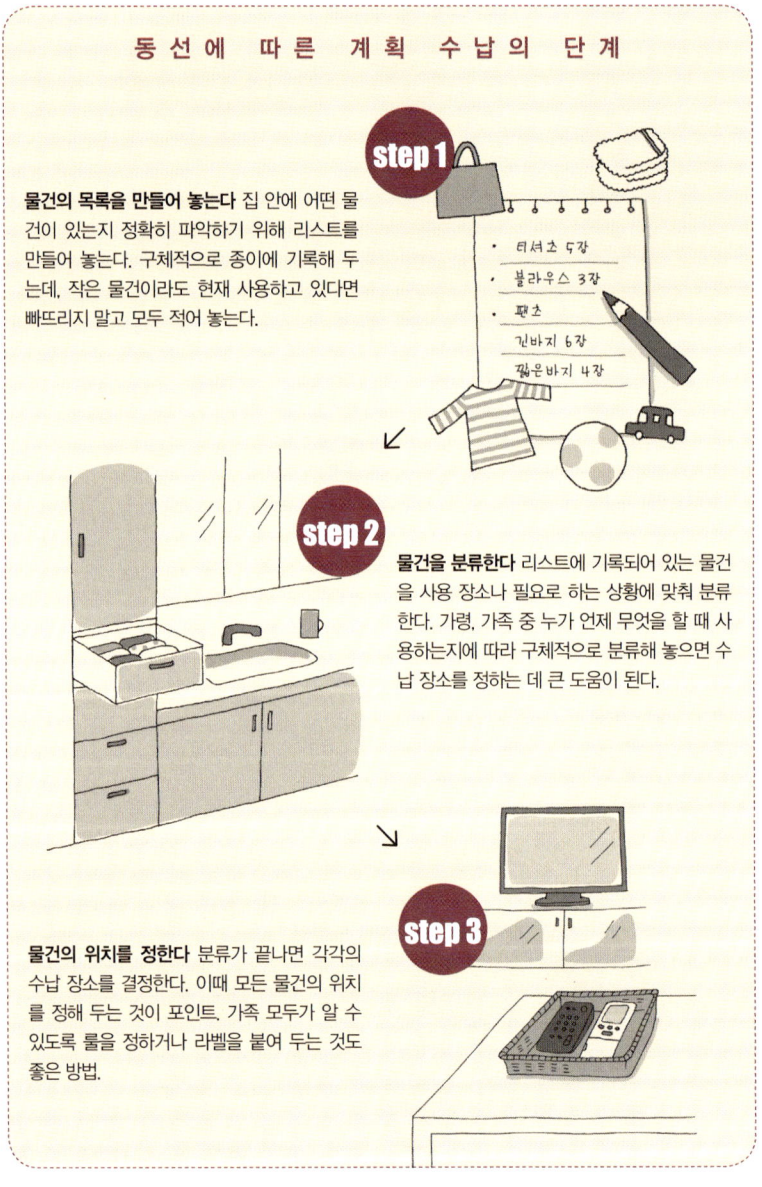

동선에 따른 계획 수납의 단계

step 1 물건의 목록을 만들어 놓는다 집 안에 어떤 물건이 있는지 정확히 파악하기 위해 리스트를 만들어 놓는다. 구체적으로 종이에 기록해 두는데, 작은 물건이라도 현재 사용하고 있다면 빠뜨리지 말고 모두 적어 놓는다.

step 2 물건을 분류한다 리스트에 기록되어 있는 물건을 사용 장소나 필요로 하는 상황에 맞춰 분류한다. 가령, 가족 중 누가 언제 무엇을 할 때 사용하는지에 따라 구체적으로 분류해 놓으면 수납 장소를 정하는 데 큰 도움이 된다.

step 3 물건의 위치를 정한다 분류가 끝나면 각각의 수납 장소를 결정한다. 이때 모든 물건의 위치를 정해 두는 것이 포인트. 가족 모두가 알 수 있도록 룰을 정하거나 라벨을 붙여 두는 것도 좋은 방법.

집중 수납과 분산 수납

point 1

자주 사용하지 않는 물건은 한곳에 모아서 수납

선풍기나 난방기, 텐트, 스키 용품같이 한 계절이 지나면 사용하지 않는 물건들은 모두 한곳에 모아서 수납하는 집중 수납이 편리하다. 집중 수납을 할 때는 다용도실이나 벽장 등을 활용하면 좋다. 단, 한곳에 모아두는 경우 무계획적으로 물건을 쌓아두다 보면 나중에 찾는 데 곤란을 겪을 수 있으므로 반드시 공간을 철저히 나눠 수납하는 것이 포인트.

자주 사용하는 물건은 동선에 맞춰 분산

일상적으로 사용하는 물건은 분산 수납을 한다. 분산 수납은 동선에 맞춰 필요한 물건을 적재적소에 배치하는 것이다. 가령, 가위와 펜 같은 사무용품을 꼭 테이블 주위에만 놓는 것이 아니라 필요하다면 수방이나 세면실에도 놓는 등 고정관념에서 벗어나는 게 포인트다. 만약 외출 시 준비물을 잘 잊어버리는 경우라면 현관에 손수건이나 열쇠 등의 외출 용품을 놓아둔다면 잊고 외출하는 일은 없을 것이다. 이처럼 가족의 라이프스타일과 일상적인 행동을 꼼꼼히 파악하여 분산 수납을 효과적으로 한다면 동선도 절약되고, 생활도 매우 편리해질 것이다.

쉽고 편리하게 아이템별 최적의 장소 찾기

1 펜·가위 우편물을 부치거나 전화 중 메모할 때 필요한 펜 등의 문구류는 리빙룸이나 다이닝룸에 두는 것이 좋다. 또한 용도가 다양한 가위는 필요에 따라 분류하여 그에 맞는 장소에 둔다.

2 손톱깎이·귀 후비개 가족이 공동으로 사용하는 물건은 리빙룸의 일정한 곳에 둔다. 사용한 다음엔 반드시 제자리에 갖다 놓은 것을 원칙으로 하고, 가족 중 누구라도 쉽게 꺼낼 수 있는 곳에 두는 것이 포인트.

3 속옷·파자마 욕실 한쪽에 수납함을 마련하여 보관하는 것이 이상적. 목욕을 할 때마다 속옷을 욕실로 들고 가야 하는 불편함도 없고, 목욕 후 곧바로 입을 수 있다. 속옷을 꼭 방이 아닌 욕실에 보관하는 것도 한번쯤 고려해 보자.

4 신문·잡지 가족 모두가 읽는 것은 리빙룸이나 다이닝룸에, 개인적으로 읽는 것은 각자 읽기 좋은 장소에 둔다. 읽은 다음엔 버릴 것과 보관할 것을 분류하여 즉시 정리한다.

5 취미 용품 게임기나 CD, DVD 등의 용품은 가족 모두가 사용하는 것과 개인적으로 사용하는 것을 구분하여 수납 장소를 정한다. 일반적으로 온 가족이 사용하는 것은 리빙룸에 보관하는데, 가족과 합의하여 반드시 일정한 장소에 보관하는 것을 원칙으로 한다.

6 약 반창고나 붕대와 같은 구급약품과 달리 일반 약은 대부분 물과 함께 복용하므로 주방 가까운 곳에 두는 것이 좋다. 약에 습기가 차지 않도록 밀폐 용기나 캔 등에 넣어 보관한다.

공간별 수납법

point 2

공간별 사용 목적에 맞춰 수납법을 고려

수납 장소가 결정되면 어떤 방법으로 수납할지를 정한다. 이때 공간에 따라 수납법이 달라질 수 있다. 가령, 손님이 주로 머무는 거실과 외부 사람의 눈에 띄기 쉬운 현관은 감추는 수납으로 하고, 주방과 세면실은 매일 사용하는 물건이 많은 곳이므로 오픈 수납이 편리하다. 각 가정마다 라이프스타일이 다르므로 공간을 사용하는 목적에 맞춰 수납 방법에도 변화를 주는 것이 좋다.

공 간 별 수 납 포 인 트

▶**현관** 신발, 우산, 슬리퍼, 열쇠 등 수납 물건이 많은 데다 집의 첫인상을 결정하는 장소이므로 감추는 수납이 기본이다. 항상 깨끗이 정리하여 정돈된 이미지를 연출하는 것이 포인트.

▲**거실** 거실은 온 가족이 모이는 곳이므로 가족 생활 중심으로 수납법을 정하고, 공간 크기에 맞춰 수납량을 조절한다. 많은 물건이 집약되어 있고, 손님을 맞는 곳이기도 하므로 보이는 수납과 감추는 수납을 적절히 활용한다.

▲**욕실** 양치질, 세안, 탈의, 샤워 등 온 가족이 매일 사용하는 공간으로 청결이 최우선이다. 용도별로 아이템을 분류한 뒤 보이는 수납을 중점으로 감추는 수납을 병행한다.

▼**주방·식당** 주부가 매일 작업하는 장소이므로 편리성이 우선시되어야 한다. 각종 조리 도구들은 사용 빈도에 따라 분류하고, 가능하면 보이는 수납으로 하는 것이 편하다. 만약 LDK형의 시스템 수납이라면 보이는 부분을 아름답게 연출하는 것도 중요.

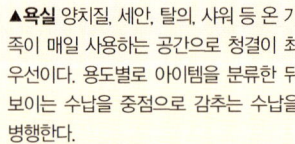

◀**침실** 의류, 침구, 취미 용품 등 개인적인 물건이 중심이 되는 곳이다. 사용 빈도나 종류에 따라 우선 침실에 수납할 목록을 정하고, 침실의 크기 및 라이프스타일, 취향에 맞춰 수납 스타일을 결정한다.

핸디 존 & 눈높이

point 3

사용 빈도가 높은 물건은 손이 닿는 범위 안에 수납

'무거운 것은 아래쪽에, 가벼운 것은 위쪽에'가 수납의 기본이었다. 그러나 고정관념에 얽매이지 말고, 자주 사용하는 물건은 넣고 꺼내기 쉬운 곳에 수납하는 것이 이상적이다. 그러므로 핸디 존을 염두에 두고 수납공간을 연구해 보자.

핸디 존이란 자신의 손이 닿는 범위를 말한다. 즉, 손을 뻗쳐서 물건을 넣고 꺼낼 수 있는 위치라고 생각하면 된다. 눈높이란 수납을 가장 편하게 할 수 있는 위치로 눈길이 정면으로 닿는 곳을 말한다. 단, 눈높이의 범위는 매우 좁기 때문에 개인별로 수납할 물건을 엄선할 필요가 있다. 대체로 사용 빈도가 높고 크기가 작은 물건을 눈높이에 수납하는 것이 요령이다.

아이들 물건은 손이 닿는 위치에 수납하여 스스로 정리하는 습관을!

같은 핸디 존이라 해도 어른과 아이 손이 닿는 범위에는 큰 차이가 있을 수밖에 없다. 아이가 아주 어린 경우에는 아이 손이 닿는 위치에 위험한 물건을 놓지 않도록 주의한다. 그러나 아이가 혼자서도 장난감을 갖고 놀 연령이 되면 아이의 핸디 존 범위 안에 물건을 수납하여 스스로 정리하는 습관을 길러주는 것도 중요하다. 가족 모두가 자연스럽게 물건을 정리하는 습관이 몸에 배게 되면 큰 노력을 들이지 않고도 정돈되고 쾌적한 생활을 누릴 수 있을 것이다.

핸 디 존 과 수 납 아 이 템

	하부 수납 매일 사용하지 않는 무거운 물건 위주로	핸디 존 사용 빈도가 높은 작은 물건 위주로	상부 수납 매일 사용하지 않는 가벼운 물건 위주로
도구· 생활용품	청소기·다리미 / 그다지 읽지 않는 책 / 공구 / 금고	필기 용구 / 자주 읽는 책 / 타월 / 화장품 / CD나 DVD / 약품	예비해 둔 화장용 티슈·화장실 휴지
식품· 조리 기구	저장 조미료 / 큰 냄비 / 저장 식품	커트러리 / 식기 / 조리 도구 / 현재 사용하는 조미료	말린 식품 / 보존 용기 / 부피가 큰 바구니
의류·소품	가끔 꺼내 입는 옷 / 계절용 리넨 소품	자주 입는 옷 / 손 수건·속옷 / 액세 서리	철 지난 옷이나 소품 / 아웃도어 웨어 / 슈트케이스 / 모자·가방

옷장 수납 계획

Lesson 2

간편한 행어 수납이 중심인 옷장. 옷을 거는 방법과 넣는 방법 하나만 바꿔도 수납량에 큰 차이가 나타난다.

거는 수납으로 높이를 효과적으로 활용

옷장은 의류를 행어에 걸어 수납하는 공간이다. 행어 수납은 옷에 주름이 쉽게 생기지 않고 옷을 개는 수고도 덜어준다. 단, 너무 많이 걸어놓으면 주름이 생기는 원인이 될 수 있으므로 옷을 꺼낼 때 주위 옷들이 흐트러지지 않을 정도의 여유는 있어야 한다.

옷장 문을 열었을 때 한눈에 들어오는 위치가 가장 로열 장소이므로 빈번하게 꺼내 입는 옷들은 이곳에 수납한다. 행어 이외의 공간은 서랍이나 박스 등의 수납 케이스를 사용하여 티셔츠나 속옷, 가방 등 접을 수 있는 의류나 소품 위주로 수납한다.

행어의 종류

재킷·코트용 옷의 형태가 망가지지 않도록 어깨 부분에 적당한 두께가 있고, 앞쪽으로 약간 커브가 있는 것을 택한다.

셔츠용 셔츠용 행어는 어깨 부분이 그다지 두껍지 않아도 되므로 같은 타입의 행어로 셔츠를 콤팩트하게 정리한다.

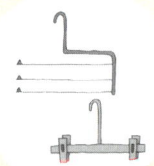

스커트·팬츠용 주름이 생기기 쉬운 소재일수록 걸어놓는 수납을 선택. 핀치로 끼우는 타입과 바에 걸치는 타입이 있다.

소품용 넥타이, 벨트 등의 소품은 복수로 걸어놓을 수 있는 행어를 사용하는 것이 공간 절약에 효과적.

옷장 수납의 3가지 요령

step 1

S자 고리로 어깨의 위치를 어긋나게

행어의 어깨 부분은 두께가 있어 많은 양을 걸기가 불가능한 경우도 있다. 공간 절약을 위해 S자 고리에 길이가 짧은 옷을 건 다음 행잉 바에 행어와 교대로 어깨 위치가 서로 어긋나게 걸어주면 많은 양의 옷을 수납할 수 있다.

길이별로 맞춰서 건다

행잉 바에 옷을 걸 때는 긴 옷, 중간 길이, 짧은 길이의 옷끼리 맞춰서 걸어준다. 길이가 짧은 옷 아래의 빈 공간에는 서랍식 박스나 바구니를 넣어 소품이나 속옷 등을 수납한다.

접이식 문과 서랍 위치에 주의

접이식 문은 열었을 때 문이 안으로 접히게 되어 옷장 입구가 좁아진다. 옷장 안에 서랍식 수납함을 설치할 경우 좁아진 입구 때문에 서랍이 빠지지 않을 수도 있으므로 미리 치수를 정확히 확인해 두는 것이 중요.

서서 사용할 경우 — 70cm

앉아서 서랍을 사용할 경우 — 90~100cm

옷을 갈아입을 경우 — 100~120cm

두 사람이 사용할 경우 — 150cm

워크 인 클로짓 (Work in Closet)에 필요한 공간

step 2

사용법에 따라 필요 공간의 사이즈가 달라진다

'워크 인 클로짓'이란 걸어 들어가 옷도 입고 치장도 할 수 있는 공간을 말한다. 벽에 옷장과 거울도 있으며, 미국식 집에서 흔히 볼 수 있는 스타일이다. '워크 인 클로짓'에는 사람이 들어가 움직일 수 있는 공간이 필요하다. 가령, 옷장에 물건을 수납할 경우 서서 할 때와 앉아서 할 때 무려 20~30cm 정도 차이가 나고, 두 사람이 들어가서 양쪽 수납함의 서랍을 뺄 경우 150cm 정도의 통로 공간이 필요하다. 따라서 '워크 인 클로짓'을 설치할 때는 반드시 필요한 공간의 치수를 염두에 두고 시작한다.

옷 장 수 납 Plan 1

안길이가 긴 L자형 배치 타입

L자로 행잉 바를 설치한 옷장은 코너 부분에 데드 스페이스가 생기기 쉬우므로 계절 가전이나
철 지난 옷들을 수납하여 공간을 알뜰히 활용하는 것이 포인트.

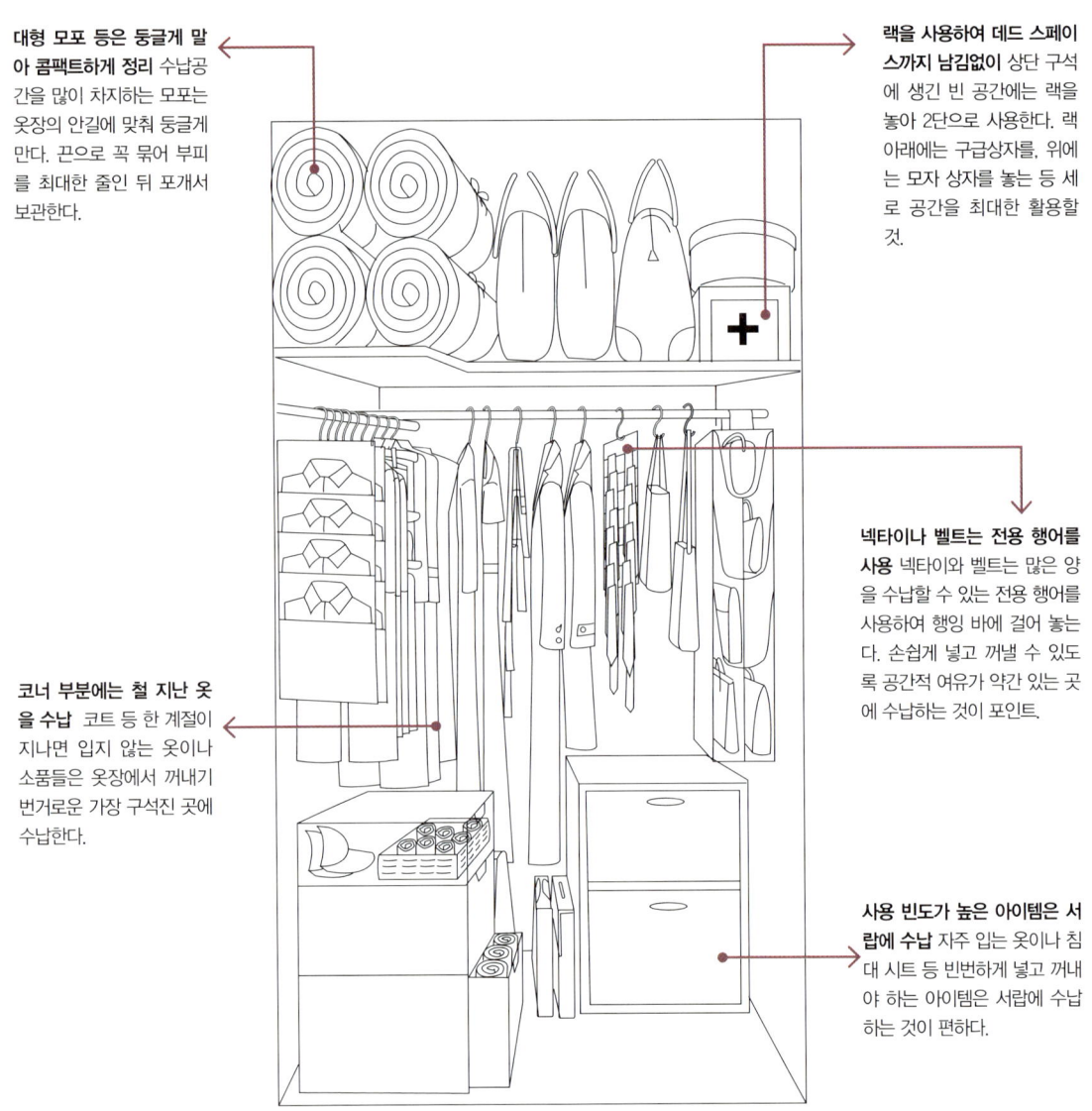

대형 모포 등은 둥글게 말아 콤팩트하게 정리 수납공간을 많이 차지하는 모포는 옷장의 안길에 맞춰 둥글게 만다. 끈으로 꼭 묶어 부피를 최대한 줄인 뒤 포개서 보관한다.

랙을 사용하여 데드 스페이스까지 남김없이 상단 구석에 생긴 빈 공간에는 랙을 놓아 2단으로 사용한다. 랙 아래에는 구급상자를, 위에는 모자 상자를 놓는 등 세로 공간을 최대한 활용할 것.

넥타이나 벨트는 전용 행어를 사용 넥타이와 벨트는 많은 양을 수납할 수 있는 전용 행어를 사용하여 행잉 바에 걸어 놓는다. 손쉽게 넣고 꺼낼 수 있도록 공간적 여유가 약간 있는 곳에 수납하는 것이 포인트.

코너 부분에는 철 지난 옷을 수납 코트 등 한 계절이 지나면 입지 않는 옷이나 소품들은 옷장에서 꺼내기 번거로운 가장 구석진 곳에 수납한다.

사용 빈도가 높은 아이템은 서랍에 수납 자주 입는 옷이나 침대 시트 등 빈번하게 넣고 꺼내야 하는 아이템은 서랍에 수납하는 것이 편하다.

옷 장 수 납 Plan 2

의류와 잡화가 함께 있는 분할 타입

칸이 많이 나뉘어 있는 옷장은 우선 아이템의 위치를 정하는 것이 중요. 상단에는 사용 빈도가 낮은 것,
하단 우측에는 생활용품, 좌측에는 의류를 수납하는 식으로 아이템을 적재적소에 배치하기 위한 아이디어가 필요하다.

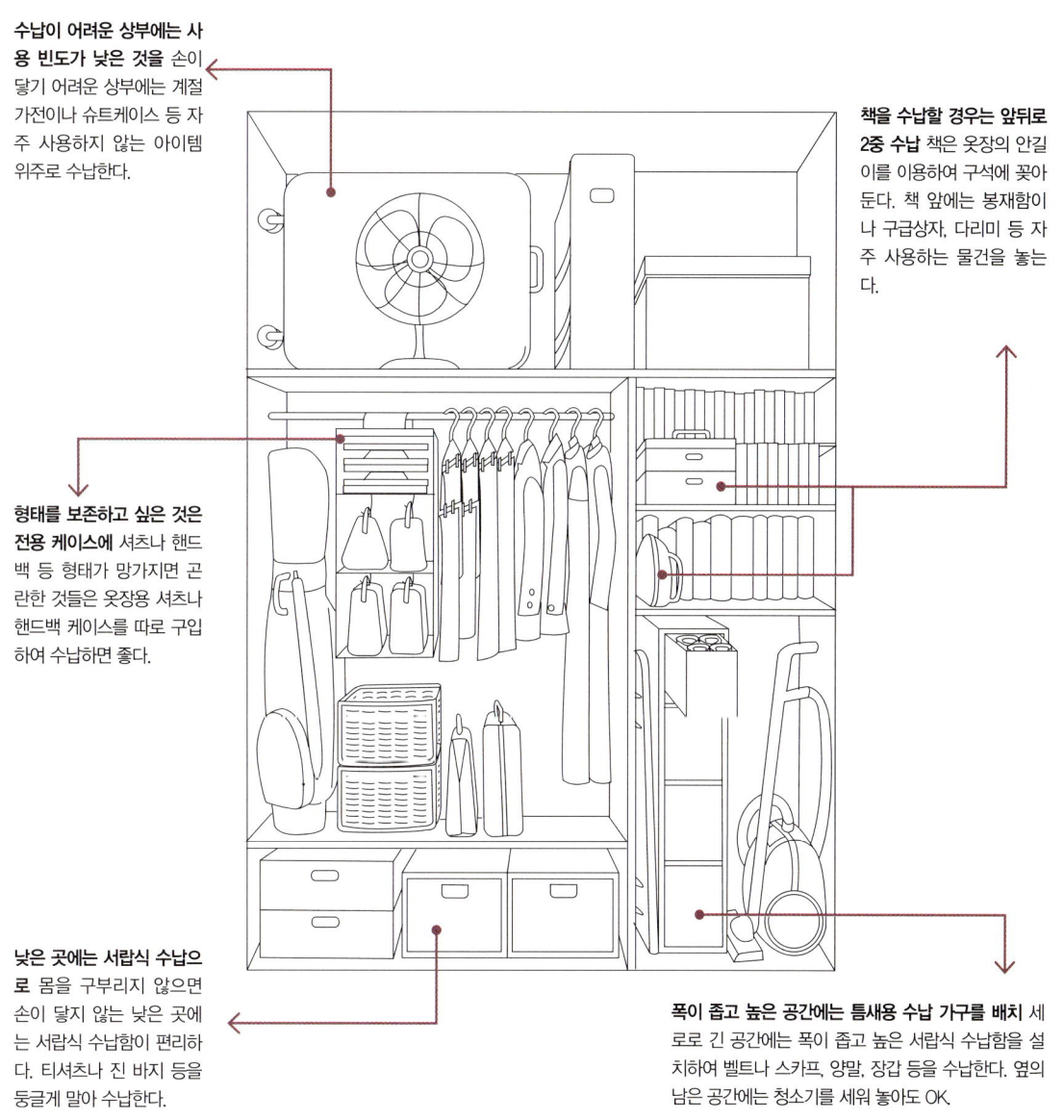

수납이 어려운 상부에는 사용 빈도가 낮은 것을 손이 닿기 어려운 상부에는 계절 가전이나 슈트케이스 등 자주 사용하지 않는 아이템 위주로 수납한다.

책을 수납할 경우는 앞뒤로 2중 수납 책은 옷장의 안길이를 이용하여 구석에 꽂아 둔다. 책 앞에는 봉재함이나 구급상자, 다리미 등 자주 사용하는 물건을 놓는다.

형태를 보존하고 싶은 것은 전용 케이스에 셔츠나 핸드백 등 형태가 망가지면 곤란한 것들은 옷장용 셔츠나 핸드백 케이스를 따로 구입하여 수납하면 좋다.

낮은 곳에는 서랍식 수납으로 몸을 구부리지 않으면 손이 닿지 않는 낮은 곳에는 서랍식 수납함이 편리하다. 티셔츠나 진 바지 등을 둥글게 말아 수납한다.

폭이 좁고 높은 공간에는 틈새용 수납 가구를 배치 세로로 긴 공간에는 폭이 좁고 높은 서랍식 수납함을 설치하여 벨트나 스카프, 양말, 장갑 등을 수납한다. 옆의 남은 공간에는 청소기를 세워 놓아도 OK.

옷 장 수 납 Plan 3

여성 옷 중심의 상단 행어 타입

주로 침실에 있는 여성 옷 중심의 옷장은 옷의 길이와 종류로 구분해서 수납하는 것이 포인트.
양 사이드에는 자주 사용하지 않는 침구 용품이나 의류 소품 등을 수납한다.

양말과 타이츠는 월 포켓을 이용 종류가 다양한 양말과 타이츠류는 벽걸이처럼 걸 수 있는 월 포켓에 콤팩트하게 정리. 투명 소재로 된 것을 구입하면 내용물이 훤히 들여다보여 편리하게 사용할 수 있다.

부피가 있는 의류는 압축시켜 수납 오리털 파카와 같이 옆 공간을 많이 차지하는 옷은 전용 압축 케이스에 넣어 최대한 부피를 작게 하여 보관한다.

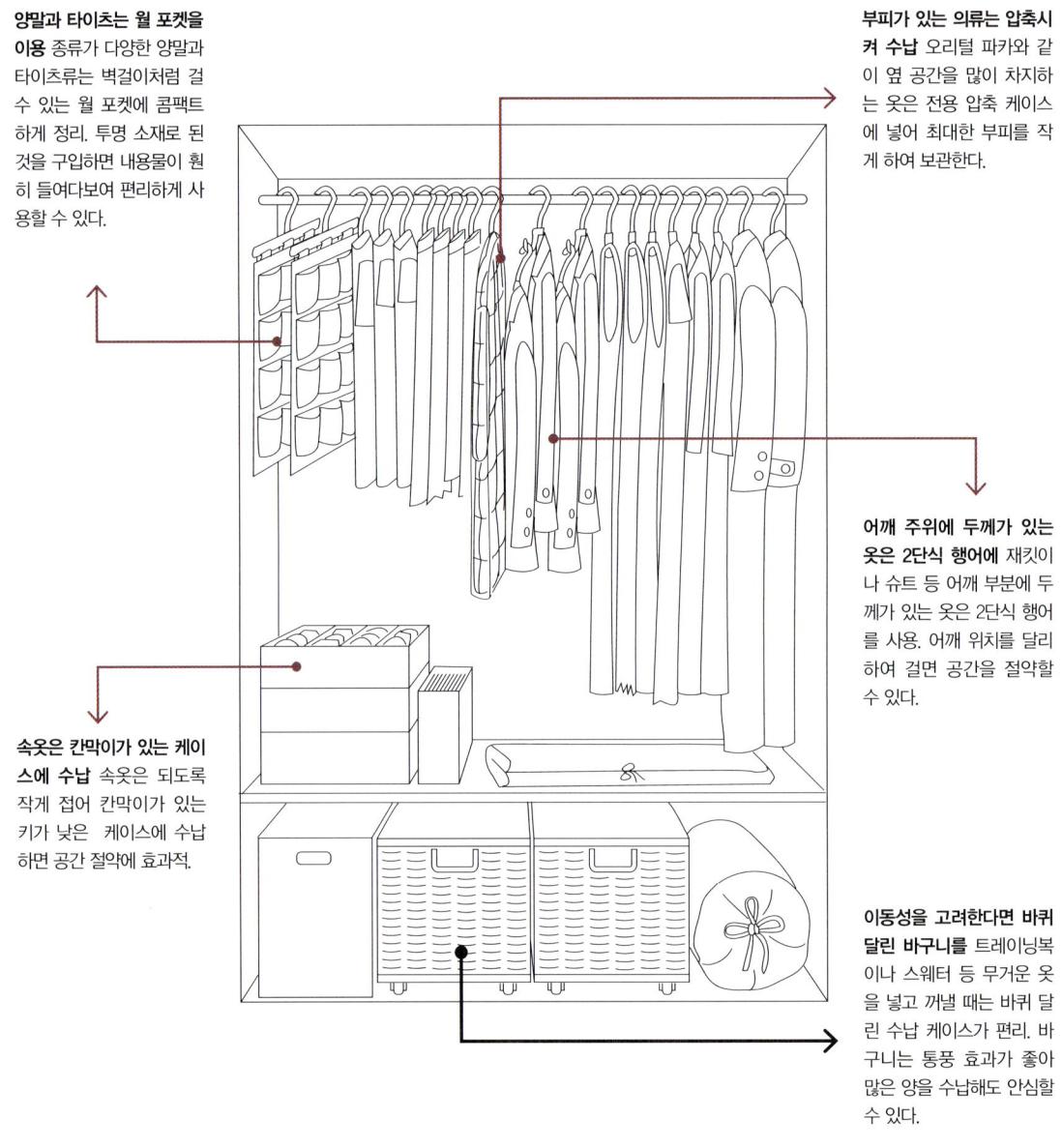

어깨 주위에 두께가 있는 옷은 2단식 행어에 재킷이나 슈트 등 어깨 부분에 두께가 있는 옷은 2단식 행어를 사용. 어깨 위치를 달리하여 걸면 공간을 절약할 수 있다.

속옷은 칸막이가 있는 케이스에 수납 속옷은 되도록 작게 접어 칸막이가 있는 키가 낮은 케이스에 수납하면 공간 절약에 효과적.

이동성을 고려한다면 바퀴 달린 바구니를 트레이닝복이나 스웨터 등 무거운 옷을 넣고 꺼낼 때는 바퀴 달린 수납 케이스가 편리. 바구니는 통풍 효과가 좋아 많은 양을 수납해도 안심할 수 있다.

옷 장 수 납 Plan 4

남성 옷 중심의 하단 행어 타입

슈트나 와이셔츠 등 매일 입는 남성 옷 중심의 옷장. 셔츠 홀더나 보텀 행어를 사용하면 많은 양의 옷을 수납할 수 있다.
아래쪽 빈 공간에는 한눈에 아이템을 파악할 수 있는 바구니나 오픈 박스에 옷을 수납하면 편리.

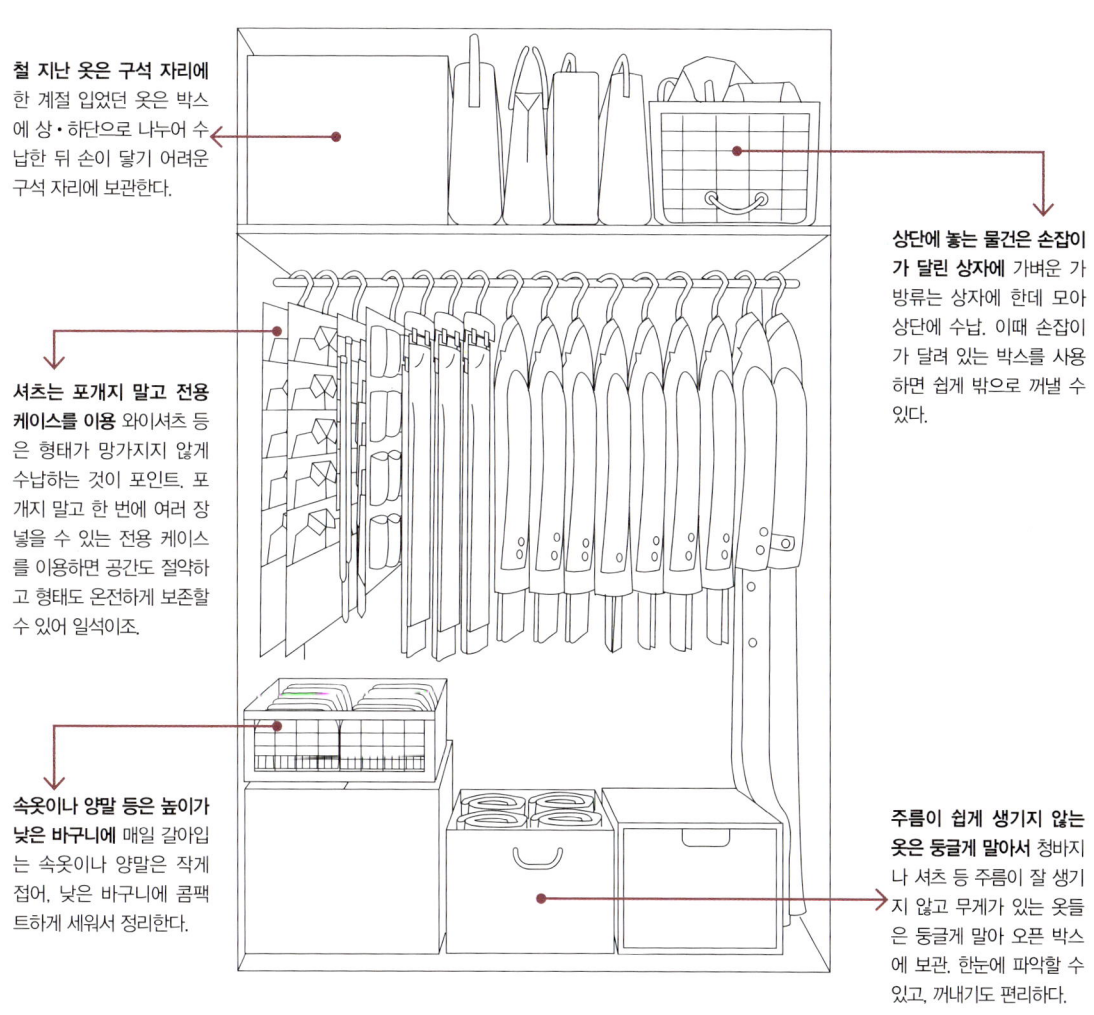

철 지난 옷은 구석 자리에 한 계절 입었던 옷은 박스에 상·하단으로 나누어 수납한 뒤 손이 닿기 어려운 구석 자리에 보관한다.

셔츠는 포개지 말고 전용 케이스를 이용 와이셔츠 등은 형태가 망가지지 않게 수납하는 것이 포인트. 포개지 말고 한 번에 여러 장 넣을 수 있는 전용 케이스를 이용하면 공간도 절약하고 형태도 온전하게 보존할 수 있어 일석이조.

속옷이나 양말 등은 높이가 낮은 바구니에 매일 갈아입는 속옷이나 양말은 작게 접어. 낮은 바구니에 콤팩트하게 세워서 정리한다.

상단에 놓는 물건은 손잡이가 달린 상자에 가벼운 가방류는 상자에 한데 모아 상단에 수납. 이때 손잡이가 달려 있는 박스를 사용하면 쉽게 밖으로 꺼낼 수 있다.

주름이 쉽게 생기지 않는 옷은 둥글게 말아서 청바지나 셔츠 등 주름이 잘 생기지 않고 무게가 있는 옷들은 둥글게 말아 오픈 박스에 보관. 한눈에 파악할 수 있고, 꺼내기도 편리하다.

붙박이장 수납 계획

Lesson 3

요즘 새로 짓는 아파트에 고정식으로 설치되어 있거나 입주자가 직접 짜 넣을 수 있는 일명 붙박이장. 라이프스타일의 변화에 따라 이불 외에 옷이나 다양한 소품을 보관할 수 있고, 많은 물건을 수납하기 위해서는 안길이와 높이를 알뜰하게 사용할 수 있는 방법을 연구하는 것이 포인트.

구석까지 빈틈없이 사용하기 위해서는 수납 케이스 선택이 중요

이불을 보관할 수 있게 한 붙박이장은 안길이를 길게, 또는 짧게 조절할 수 있는 것이 특징이다. 이 안길이를 최대한 이용하는 것이 붙박이장 수납의 핵심 포인트. 계획 없이 물건을 수납하다 보면 구석에 있는 것은 찾기도 어려울뿐더러 꺼내 쓰는 데도 불편을 초래할 수 있다. 다양한 수납 케이스로 공간을 나누어 쓰면 안길이와 높이까지 알뜰하게 활용할 수 있는 데, 공간과 사이즈가 딱 맞는 수납 케이스를 선택하는 것이 기본 조건이다. 손이 닿기 어려운 상단 위의 선반에는 철 지난 스포츠웨어나 슈트케이스 등 사용 빈도가 낮은 아이템을 보관하는 것이 정답.

붙박이장의 습기 방지 대책

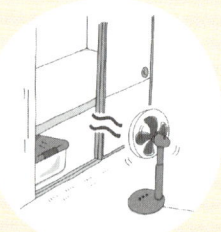

바람을 쐬어준다 장 안의 환기를 위해서는 선풍기 바람을 쐬어주는 것이 효과적. 정기적으로 바람을 쐬어 항상 습기가 차지 않도록 유의한다.

제습제를 사용 이불 아래에는 시트 타입의 제습제를 깔아주고, 수납 케이스 등을 놓은 틈새 공간에는 박스 타입을 사용한다. 제습제를 정기적으로 교환해 주는 것도 잊지 말자.

판자를 깐다 수납 케이스와 장의 밑면 사이에 공간을 만들어 주면 통기성이 좋아지므로 판자를 깔아주는 것도 좋은 방법. 판자는 밑면뿐 아니라 측면에 세워주는 것도 효과적.

붙박이장 수납의 3가지 요령

step 1

하단의 수납 케이스는 바퀴가 달린 것으로!

무거운 물건을 주로 넣게 되는 하단. 구석에 있는 물건도 꺼내기 쉽게 바퀴 달린 수납 케이스를 사용하면 편리하다.

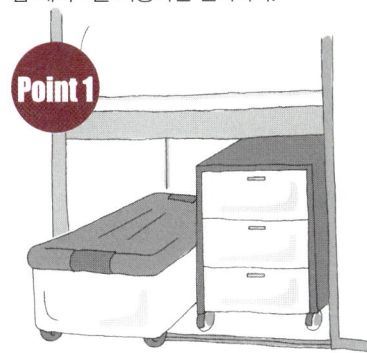

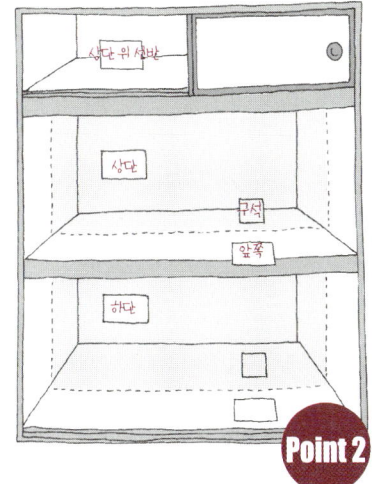

5개의 공간으로 분류

안길이가 깊은 붙박이장을 최대한 활용하기 위해서는 공간을 분리해서 사용하는 것이 효과적. 상단 위 선반·상단·하단·구석·앞쪽의 다섯 공간으로 나누어 무거운 물건은 아래쪽에, 사용 빈도가 높은 것은 앞쪽에 보관한다.

좌우로 나눠 수납

붙박이장은 미닫이문으로 되어 있는 경우도 많으므로 문을 여닫기 쉽도록 수납한 물건이 중앙의 세로 라인을 침범하지 않도록 주의. 문을 열어둔 상태에서 공간을 좌우로 나누어 꺼내 쓰기 편리하게 수납한다.

중판 아래의 빈 공간까지 활용

중판 아래에 봉을 세로로 설치, S자 고리를 사용하여 망으로 된 수납 시트 등을 걸어 놓는다. 시트 위에 타월이나 가볍고 두껍지 않은 물건을 수납할 수 있으므로 새로운 수납 공간이 재탄생되는 셈.

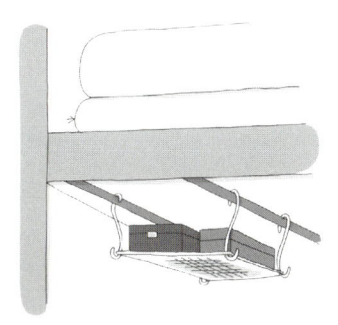

옆면에는 행잉 바를 설치하여 걸어놓는 수납을

붙박이장은 내부가 크고 넓기 때문에 측면으로 빈 공간이 생길 확률이 크다. 장 앞에서 부터 구석까지 행잉 바를 설치한 뒤 망으로 된 패널 등을 바에 걸어 놓으면 S자 고리를 이용하여 다양한 소품을 수납할 수 있다.

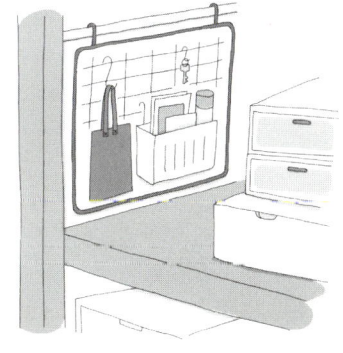

데드 스페이스를 만들지 않는 아이디어

step 2

이불을 수납한 공간에는 커튼을

수납 시 가장 넓은 공간을 차지하는 이불이나 가전제품, 부피가 큰 물건을 보관한 공간에는 커튼을 쳐서 사용하는 것도 좋은 방법. 안의 내용물을 가려주고 공간을 보다 자유롭게 활용할 수 있다.

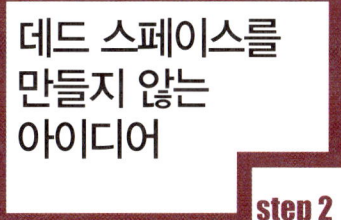

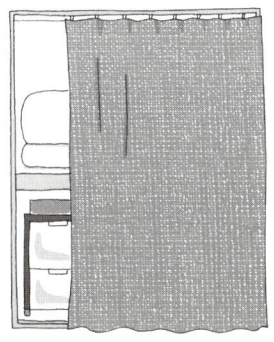

붙박이장 수납 Plan 1

일용품 중심의 수납 타입

이불과 옷이 아닌 일용품 위주로 수납할 수 있게 설계된 장. 행잉 바와 바구니, 컬러 박스를 이용하여 다양한 품목의 수납이 가능하다. 구석에 있는 물건도 꺼내기 쉽게 너무 꽉 채워서 수납하지 않는 것이 요령.

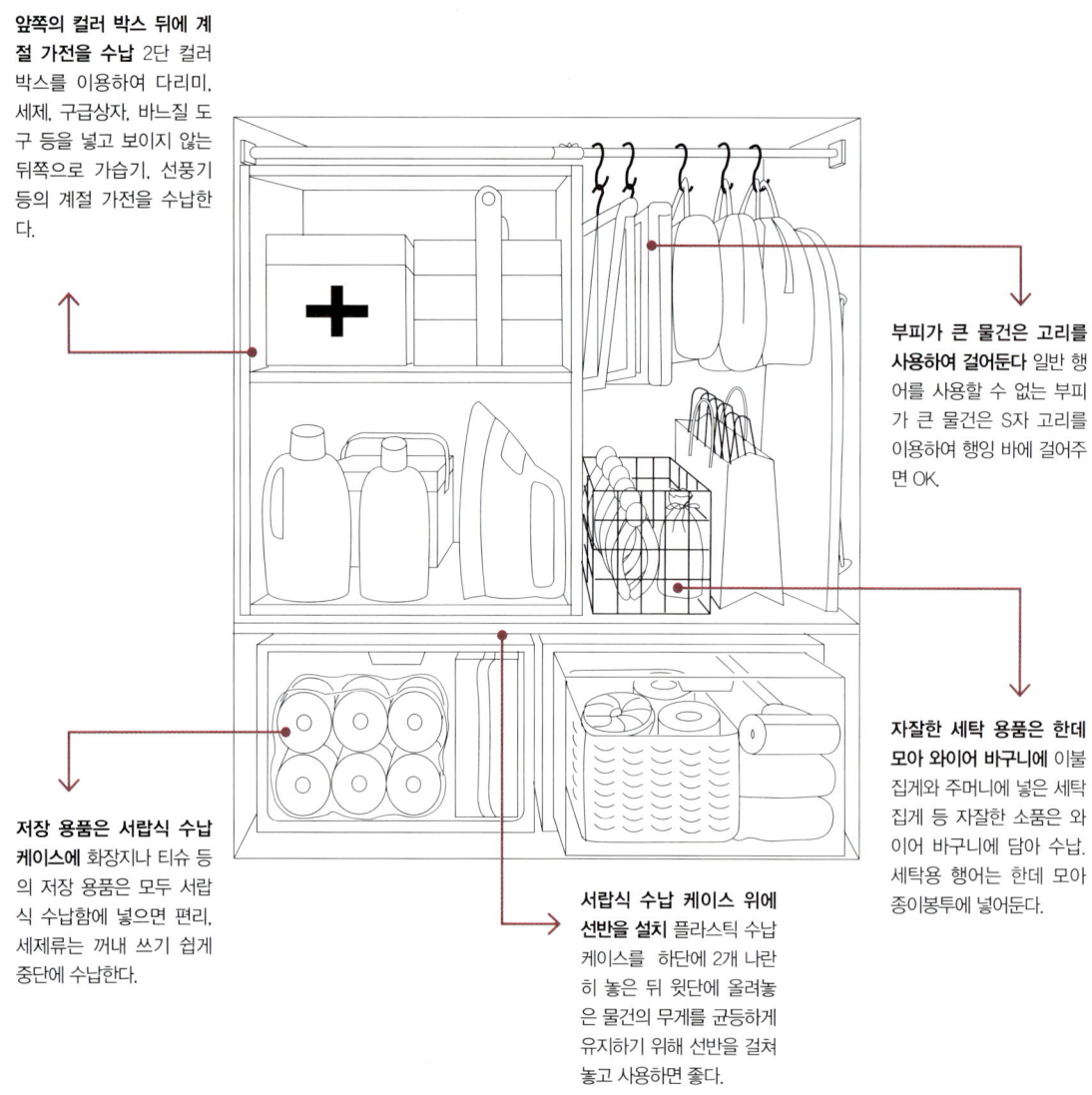

앞쪽의 컬러 박스 뒤에 계절 가전을 수납 2단 컬러 박스를 이용하여 다리미, 세제, 구급상자, 바느질 도구 등을 넣고 보이지 않는 뒤쪽으로 가습기, 선풍기 등의 계절 가전을 수납한다.

부피가 큰 물건은 고리를 사용하여 걸어둔다 일반 행어를 사용할 수 없는 부피가 큰 물건은 S자 고리를 이용하여 행잉 바에 걸어주면 OK.

저장 용품은 서랍식 수납 케이스에 화장지나 티슈 등의 저장 용품은 모두 서랍식 수납함에 넣으면 편리. 세제류는 꺼내 쓰기 쉽게 중단에 수납한다.

서랍식 수납 케이스 위에 선반을 설치 플라스틱 수납 케이스를 하단에 2개 나란히 놓은 뒤 윗단에 올려놓은 물건의 무게를 균등하게 유지하기 위해 선반을 걸쳐 놓고 사용하면 좋다.

자잘한 세탁 용품은 한데 모아 와이어 바구니에 이불 집게와 주머니에 넣은 세탁 집게 등 자잘한 소품은 와이어 바구니에 담아 수납. 세탁용 행어는 한데 모아 종이봉투에 넣어둔다.

붙박이장 수납 Plan 2

의류와 소품이 많은 부부용 수납 타입

의류가 많기 때문에 상단에 행잉 바를 설치하여 행어 수납을 하는 것이 기본. 하단에는 서랍식 수납함을 사용하여 주름이 쉽게 생기지 않는 옷을 접어서 수납한다.

상처 나기 쉬운 백은 전용 케이스에 넣어 수납 핸드백은 오염이나 상처를 방지하기 위해 전용 수납 케이스에 넣어 걸어서 보관. 콤팩트하게 정리할 수 있고, 자리도 많이 차지하지 않는다.

와이셔츠를 포개놓을 때는 사이에 두꺼운 종이를 와이셔츠는 칼라 부분을 서로 엇갈리게 하여 포개 놓는다. 셔츠 사이에 두꺼운 종이를 끼워 넣으면 형이 망가지거나 주름이 생기는 것을 방지해준다.

서랍 안에 바구니를 넣어 공간을 분할하여 사용 서랍의 높이에 맞춰 서랍 안에 키가 낮은 바구니를 2단으로 포개서 사용. 밖으로 보이고 싶지 않은 양말, 속옷 등을 수납한다.

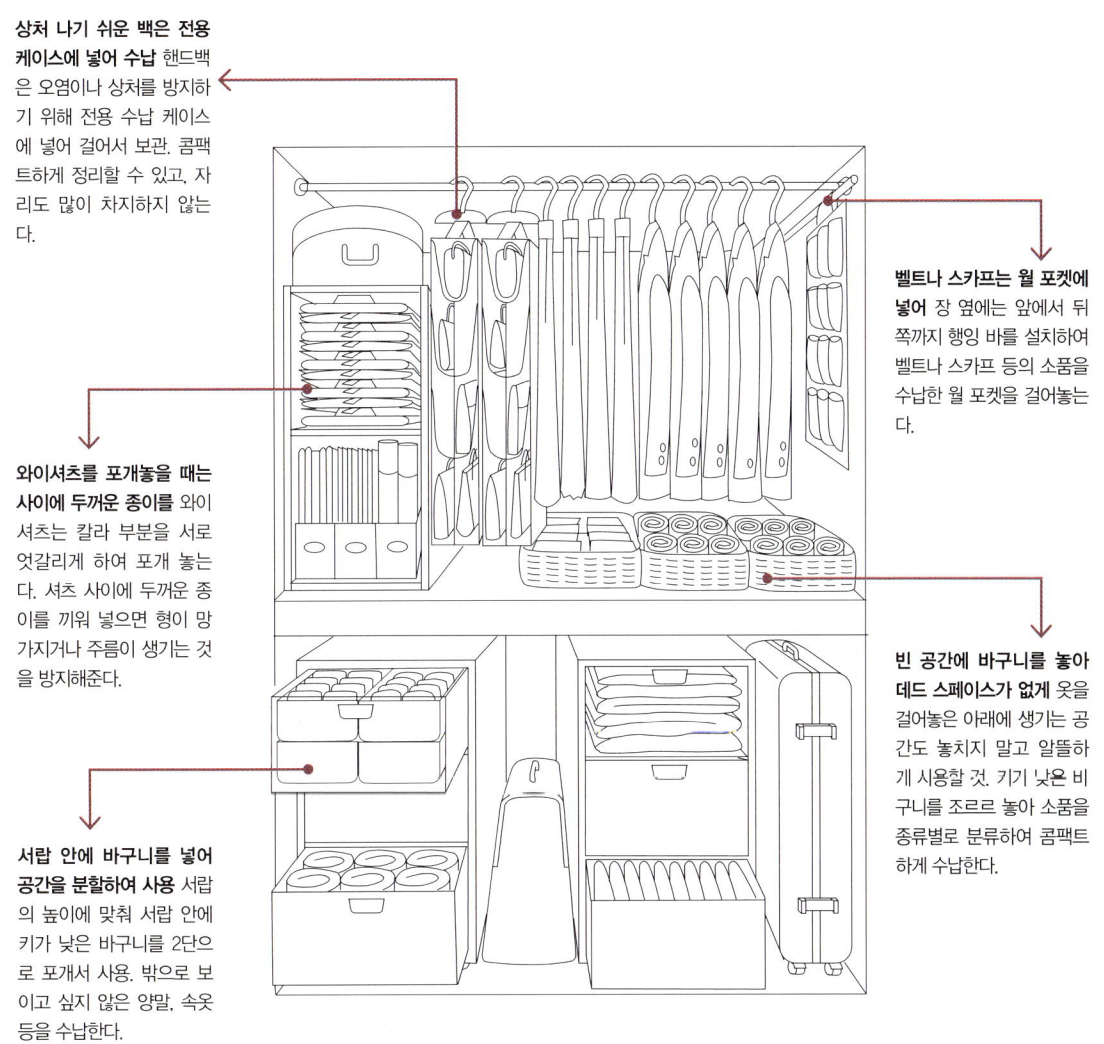

벨트나 스카프는 월 포켓에 넣어 장 옆에는 앞에서 뒤쪽까지 행잉 바를 설치하여 벨트나 스카프 등의 소품을 수납한 월 포켓을 걸어놓는다.

빈 공간에 바구니를 놓아 데드 스페이스가 없게 옷을 걸어놓은 아래에 생기는 공간도 놓치지 말고 알뜰하게 사용할 것. 키가 낮은 바구니를 조르르 놓아 소품을 종류별로 분류하여 콤팩트하게 수납한다.

붙박이장 수납 Plan 3

사용 빈도의 차이가 큰 물건을 수납하는 혼합 타입

오래 간직하고 싶은 앨범이나 자주 입는 옷들을 함께 수납할 수 있는 혼합 타입. 구석 공간까지 남김없이 활용하고 물건을 꺼내 쓰기 쉽게 하단에 바퀴 달린 선반을 사용하면 편리.

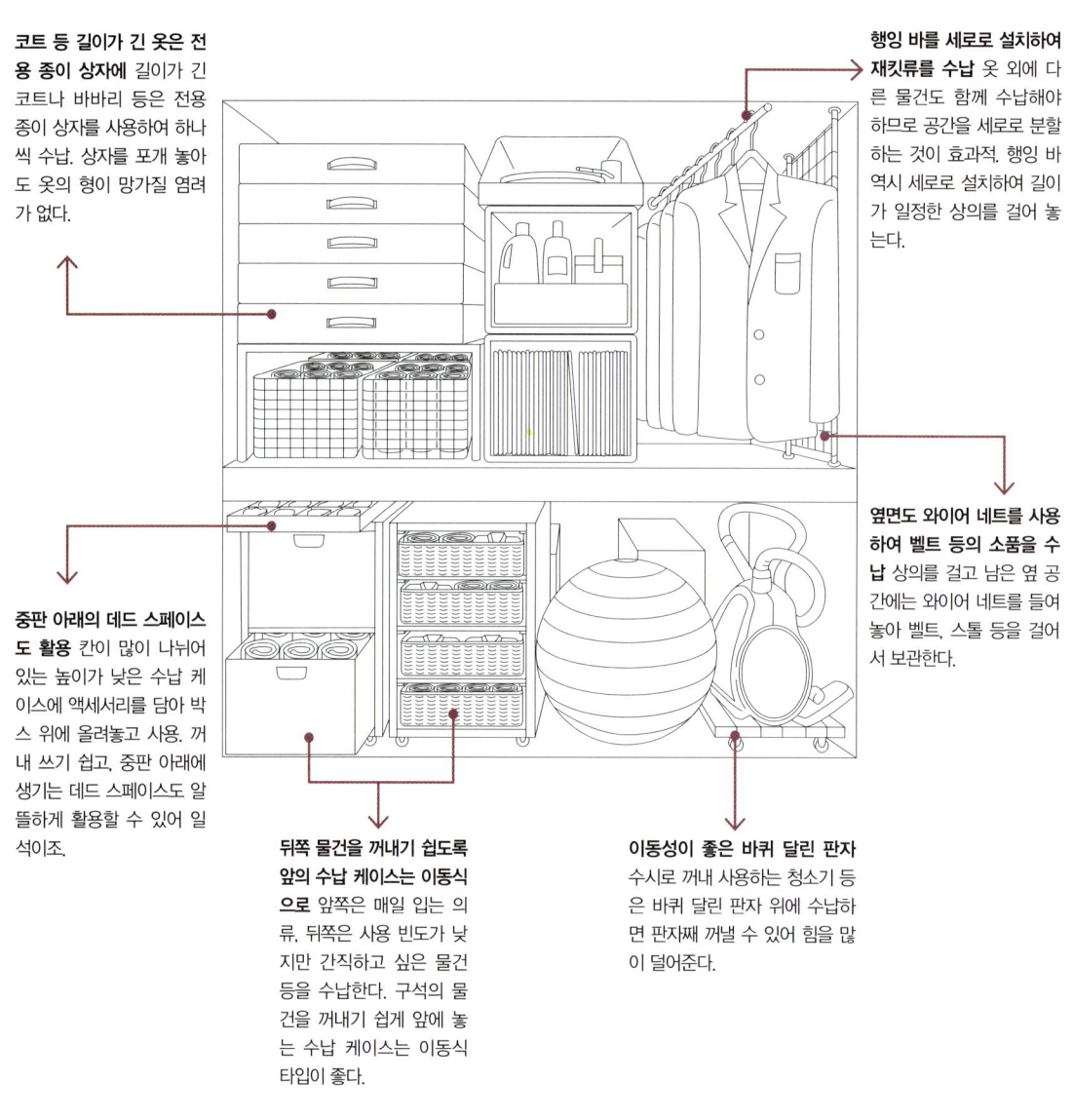

코트 등 길이가 긴 옷은 전용 종이 상자에 길이가 긴 코트나 바바리 등은 전용 종이 상자를 사용하여 하나씩 수납. 상자를 포개 놓아도 옷의 형이 망가질 염려가 없다.

행잉 바를 세로로 설치하여 재킷류를 수납 옷 외에 다른 물건도 함께 수납해야 하므로 공간을 세로로 분할하는 것이 효과적. 행잉 바 역시 세로로 설치하여 길이가 일정한 상의를 걸어 놓는다.

중판 아래의 데드 스페이스도 활용 칸이 많이 나뉘어 있는 높이가 낮은 수납 케이스에 액세서리를 담아 박스 위에 올려놓고 사용. 꺼내 쓰기 쉽고, 중판 아래에 생기는 데드 스페이스도 알뜰하게 활용할 수 있어 일석이조.

옆면도 와이어 네트를 사용하여 벨트 등의 소품을 수납 상의를 걸고 남은 옆 공간에는 와이어 네트를 들여 놓아 벨트, 스툴 등을 걸어서 보관한다.

뒤쪽 물건을 꺼내기 쉽도록 앞의 수납 케이스는 이동식으로 앞쪽은 매일 입는 의류, 뒤쪽은 사용 빈도가 낮지만 간직하고 싶은 물건 등을 수납한다. 구석의 물건을 꺼내기 쉽게 앞에 놓는 수납 케이스는 이동식 타입이 좋다.

이동성이 좋은 바퀴 달린 판자 수시로 꺼내 사용하는 청소기 등은 바퀴 달린 판자 위에 수납하면 판자째 꺼낼 수 있어 힘을 많이 덜어준다.

붙박이장 수납 Plan 4

공간을 나눠 사용하는 대형 타입

아이들 장난감과 의류, 이불과 청소기 등 다양한 물건을 함께 수납할 수 있는 대용량 붙박이장. 행어 랙이나 바구니 등으로 공간을 나누어 사용하는 것이 정답.

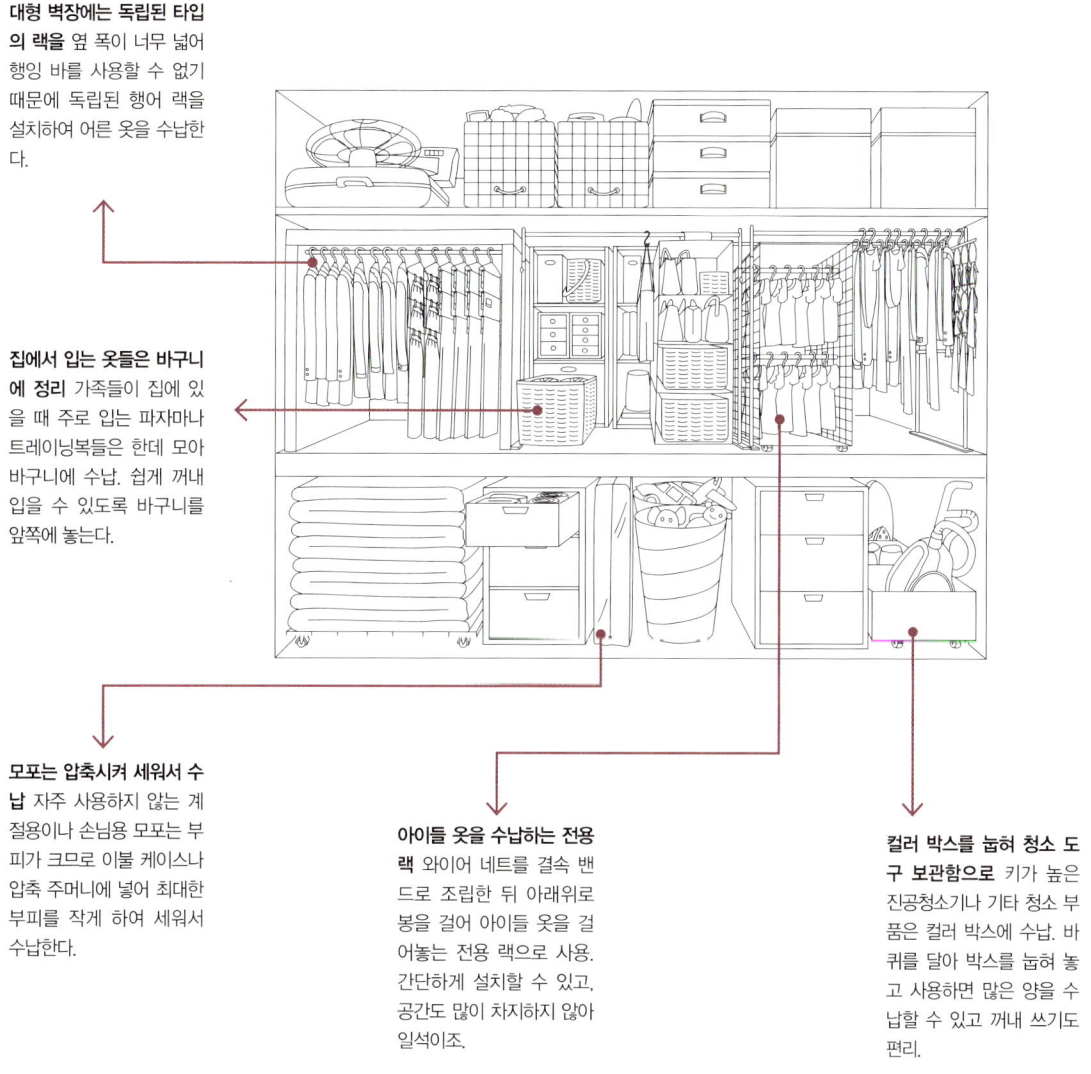

대형 벽장에는 독립된 타입의 랙을 옆 폭이 너무 넓어 행잉 바를 사용할 수 없기 때문에 독립된 행어 랙을 설치하여 어른 옷을 수납한다.

집에서 입는 옷들은 바구니에 정리 가족들이 집에 있을 때 주로 입는 파자마나 트레이닝복들은 한데 모아 바구니에 수납. 쉽게 꺼내 입을 수 있도록 바구니를 앞쪽에 놓는다.

모포는 압축시켜 세워서 수납 자주 사용하지 않는 계절용이나 손님용 모포는 부피가 크므로 이불 케이스나 압축 주머니에 넣어 최대한 부피를 작게 하여 세워서 수납한다.

아이들 옷을 수납하는 전용 랙 와이어 네트를 결속 밴드로 조립한 뒤 아래위로 봉을 걸어 아이들 옷을 걸어놓는 전용 랙으로 사용. 간단하게 설치할 수 있고, 공간도 많이 차지하지 않아 일석이조.

컬러 박스를 눕혀 청소 도구 보관함으로 키가 높은 진공청소기나 기타 청소 부품은 컬러 박스에 수납. 바퀴를 달아 박스를 눕혀 놓고 사용하면 많은 양을 수납할 수 있고 꺼내 쓰기도 편리.

수납의
달인이 되는
기본 습관
05

정돈된 공간을 가질 수 없는 진짜 이유를 찾아라

물건을 쌓아놓고 살 수밖에 없는 원인을 알아보는 체크 리스트

'도대체 나는 왜 정돈이 안 되는 걸까?' '어떻게 해야 살기 편한 공간을 만들 수 있을까…' 이런 고민을 하기 전에 우선 그 원인을 찾기 위해 다음 체크 리스트를 살펴보자. 자신에게 해당하는 항목에 체크를 한다.

① 조금이라도 사용할 수 있는 물건은 버리지 않는다. ☐
② 가구나 가전을 전부 처분하면 그때 신품 구입을 고려해 보겠다. ☐
③ 항상 무언가에 흥미를 갖고 열중하는 생활을 한다. ☐
④ 지금 살고 있는 집의 수납공간이 좁다고 생각한다. ☐
⑤ 집 안을 둘러보면 며칠 전에 사용한 물건이 그대로 방치되어 있는 경우가 많다. ☐
⑥ 물건을 버린 다음에는 꼭 후회하게 된다. ☐
⑦ 옷장의 옷들이 차고 넘친다. ☐
⑧ 더러움이 신경 쓰여도 '다음에…'라고 미루게 된다. ☐
⑨ 청소 도구는 별 생각 없이 아무 곳에나 둔다. ☐
⑩ 먹고 남은 약들이 여기저기 꽤 많이 널려 있는 편이다. ☐
⑪ 가구나 인테리어 소품 중에 마음에 드는 것이 별로 없다. ☐
⑫ 말린 세탁물을 즉각 개지 않고 한동안 그대로 둔다. ☐
⑬ 옷장이나 이불장 구석에 어떤 물건이 있는지 파악하기 어렵다. ☐
⑭ 물건을 선택할 때 미적인 감각보다는 편리성에 중점을 둔다. ☐
⑮ 어질러놓은 물건을 보면 치워야겠다는 생각을 해도 실천에 옮기는 데 상당한 시간이 걸린다. ☐
⑯ 수납공간을 스스로 개조하거나 편리한 수납 용품을 구입한 적이 없다. ☐
⑰ 청소는 한꺼번에 몰아서 하는 것이 효율적이라고 생각한다. ☐
⑱ 특별히 갖고 싶지 않아도 사은품이 붙어 있거나 한정품으로 파는 것들은 구입하게 된다. ☐
⑲ 필요에 따라 방을 청소하기 때문에 평소 방의 정돈 상태에 차이가 많이 난다. ☐
⑳ 매일 쫓기듯 생활하기 때문에 모든 면에 여유가 없는 편이다. ☐

〈채점 방법〉

체크한 목록 번호에 따라 세로의 A~F 칸에 있는 점수를 적는다. 자신의 점수를 A~F까지 알파벳별로 합산하는데, 가장 점수가 높은 알파벳이 당신의 타입이다. 동점인 경우 당신은 복합적인 요소를 갖고 있는 타입이다.

	①	②	③	④	⑤	⑥	⑦	⑧	⑨	⑩	⑪	⑫	⑬	⑭	⑮	⑯	⑰	⑱	⑲	⑳	합계
A		2		1			2										1		1	2	
B		1	2			2							1			2		1			
C				2				2	2		2			1							
D			2			2						1		1				2			
E	2				2	1			1	2							1				
F		2									2	1	1	2	1						

〈자신의 타입 판단하는 법〉

가령 당신이 ①, ⑤, ⑨, ⑫, ⑮, ⑰, ⑱번 항목에 체크를 한 경우 A~F에 매겨져 있는 점수에 모두 동그라미를 친다. 그다음 자신의 점수를 알파벳별로 가로로 합산을 한다. 당신의 합계 점수는 A 2점, B 1점, C 7점, D 4점, E 4점, F 1점이므로 당신은 C 타입에 해당된다.

	①	②	③	④	⑤	⑥	⑦	⑧	⑨	⑩	⑪	⑫	⑬	⑭	⑮	⑯	⑰	⑱	⑲	⑳	합계
A		2		①			2										①		1	2	2
B		1	2			2							1			2		①			1
C				②				②	②		2			①							7
D			2			2						①		①				②			4
E	②				②	1			①	2							①				4
F		2									2	①	1	2	1						1

A
시간이 없다
매일 약간의 짬을 내서라도 정리를 시작해 볼 것
매일 바쁘게 생활하기 때문에 청소나 정리를 제대로 하지 못하고 생활하는 타입. 그렇다 해도 하루 5분이든 10분이든 잠시의 짬을 내서 정리를 시작해 보자. 일에 쏟는 에너지를 집안일에 약간만 할애한다면 당신은 훨씬 기분 좋은 환경에서 생활할 수 있을 듯.

B
공간이 없다
물건을 제때 처분하고, 효율성 있는 수납법을 마스터 할 것
집도 좁은데, 물건을 제때 정리하지 않고 쌓아두고 지내는 타입. 이런 생활이 계속된다면 넓은 집에 가서 살아도 마찬가지다. 우선 사용 빈도가 낮은 물건들은 모두 버리고 꼭 쓸 것만 남긴다. 수납을 할 때는 높은 곳이나 구석, 각이 진 곳 등 데드 스페이스가 없는지 확인하고, 버려지는 공간들을 남김없이 활용할 수 있는 방법을 연구해 본다.

C
깔끔하지 못하다
우선 자신의 손이 닿는 곳부터 정리를 시작할 것
평소 귀찮고 힘든 것보다는 편하고 즐거운 것을 추구하며, 유유자적하게 생활하는 타입. 자신의 '게으름병'을 조금씩 습관적으로 고쳐나가야 정돈된 생활이 가능하다. 우선 손이 닿은 범위에 있는 물건부터 정리하고, 차츰 범위를 넓혀 나간다. 수납 장소는 그 물건을 자주 사용하는 곳으로 정하고, 청소 도구 등은 눈에 띄기 쉽고 손쉽게 꺼내 쓸 수 있는 장소에 배치한다.

D
생활에 의욕이 없다
생활에 긴장감을 줄 수 있는 계획을 세워 볼 것
'지금이 아니라도 언젠가 치우면 된다'는 생각이 깔려 있기 때문에 한없이 물건을 늘어놓고 사는 타입. 정신적으로 긴장감 없는 생활을 하는 것이 원인으로, 손님을 자주 초대하는 등 자신이 청소를 해야만 하는 상황을 일부러라도 만들어본다. 또한 현관이나 눈에 띄기 쉬운 장소를 정돈했을 때 느끼는 쾌감을 자주 경험할 수 있도록 스스로 노력하는 것도 중요.

E
버리지 못한다
'언젠가는 다시 쓰게 될 거야…'라는 생각부터 버릴 것
물건에 대한 애착이 강해 오랫동안 사용하지 않는 살림도 버리지 못하고 쌓아두는 타입. 이런 타입은 '언젠가 다시 사용할 날이 있을 거야'라는 생각에서 벗어나는 것이 급선무. 지금 쓰지 않는 물건은 앞으로도 쓰지 않을 확률이 거의 100%이기 때문이다. 주위에 항상 물건이 넘쳐나기 때문에 쇼핑을 할 때는 버릴 물건과 확실한 수납 장소를 정한 다음 구입하는 것이 필수. 또한 수납공간을 최대한 활용하는 데도 신경 쓸 것.

F
삶에 대한 애착이 없다
생활에 기쁨과 행복을 주는 물건을 구입해 볼 것
원래 '내 것'에 대한 욕심이 없고, 무미건조하게 살아가는 타입. 생활이 즐거워야 수납이나 청소도 의욕적으로 하게 되므로 우선 자신의 마음에 드는 생활환경을 만들어 볼 것. 가령 침실에 분위기를 더해주는 스탠드나 거울, 타월 등 아주 작은 것부터 하나씩 구입해서 삶의 행복을 느끼는 경험을 자주 갖는 것이 중요하다.

쇼핑 전 '생각하는 습관'을 가져라

Lesson 2

'세일'이라는 말에 현혹되지 말 것
쾌적한 공간을 갖기 위해서는 집 안에 필요 이상으로 물건을 쌓아두지 않는 것이 중요. 물건을 구입할 때는 '이것이 반드시 필요한가' 다시 한 번 확인한다. 특히 주의해야 할 것이 세일 상품. 싸기 때문에 구입한 상품 중에는 실제로 지금까지 사용하지 않고 있는 것들도 적지 않기 때문이다. 또한 세제나 휴지, 치약 등의 생활용품을 세일 때마다 사들이는 것도 삼가. 수납공간을 잠식 당하는 가장 큰 원인이 될 수 있다.

'공짜' 상품 너무 좋아하지 말 것
아마 각 집 안을 살펴보면 공짜로 받은 물건들이 의외로 많을 것이다. 마트에서 덤으로 받은 식품, 식기류를 비롯하여 화장품·샴푸·린스 샘플, 무가지 신문… 등. 이런 공짜 상품들을 무심코 집으로 가져오다 보면 얼마 지나지 않아, 심하게 말하면 집 안이 '창고'로 변할 가능성도 있다. 문제는 이런 자잘한 물건들 때문에 공간을 점점 잃게 된다는 것이다. 아무리 공짜라고 해도 집 안의 수납공간을 고려하여 무조건 받아오는 것은 자제할 필요가 있다.

세일 상품을 구매할 때는 우선 사용 빈도, 수납 장소, 집에 비슷한 물건이 없는지 등을 꼼꼼히 체크해 볼 것.

수납 장소를 미리 결정해 둘 것
물건을 새로 구입할 때는 수납 장소까지 머릿속에 환하게 그려져 있어야 한다. 만약 수납 장소가 명확히 떠오르지 않는다면 구입을 잠시 고려할 것. 치우고 치워도 집 안에 물건이 넘쳐나는 사람은 이중 구매를 하는 습관이 있거나 새 물건을 들여놓아도 오래된 물건을 버리지 못하고 함께 생활하는 타입이다. 수납 장소가 쉽게 떠오르지 않는 것도 위의 2가지 원인 중 하나일 수 있으므로, 이런 습관부터 고쳐야 좀 더 쾌적한 생활을 누릴 수 있다.

버릴 물건도 미리 머릿속에 그려둘 것
수납 장소를 정할 때 함께 생각해야 할 것이 버릴 물건의 목록이다. 이미 오랫동안 사용하지 않거나 고장 등의 이유로 한쪽에 밀려나 있는 물건들이 바로 이 목록의 대상이다. 구체적으로 열거하면 다시는 읽지 않는 고서, 몇 년 동안 옷장에 그대로 걸려 있는 옷, 구식 가전제품, 유행이 지난 식기류 등이 여기에 해당한다. 때문에 신상품을 구입할 생각이라면 이들을 처분한 뒤에 구매해도 늦지 않다.

신제품을 구입했을 경우 갖고 있던 것을 그만큼 처분하지 않으면 집 안에 물건이 넘쳐나는 것은 순식간이다.

구입 전 집에 비슷한 물건이 없는지 다시 한 번 확인

충동구매를 하는 사람들이 많이 하는 실수 중 하나가 비슷한 물건을 또다시 구입하는 이중 구매다. 옷의 경우 비슷한 패턴의 디자인과 무늬를 가진 아이템이 집에 있는 데도 생각 없이 사는 경우가 종종 있다. 생활용품은 이중 구매를 해도 오래 두고 사용할 수 있지만 옷은 비슷한 것 중 하나는 처지기 마련이다. 돈도 절약하고 공간 낭비를 줄이기 위해서라도 쇼핑 시에는 반드시 집에 비슷한 물건이 없는지 미리 체크하도록 한다.

식품과 생활용품은 구입 전 재고를 체크

세일과 덤으로 주는 상품에 유혹되어 사재기를 하기 쉬운 물건이 바로 간장, 소스 등의 식품류와 비누, 화장지 등의 생활용품이다. 비누나 세제 등의 생활용품은 집 안에 쌓아두고 있어도 변질될 염려가 없지만 식품에는 유효 기간이 있고 방부제 등이 첨가된 것도 많기 때문에 오래 두면 위험할 수 있다. 게다가 요즘은 마트 등에서 365일 세일을 하기 때문에 사재기 습관을 자제할 필요가 있다. 쇼핑을 할 때는 우선 집 안의 재고 품목과 유효 기간을 확인하고, 꼭 구입해야 할 것만 메모지에 적어 갖고 나간다.

좋아하는 컬러와 디자인의 옷은 무의식적으로 충동구매를 하기 쉽다. 비슷한 옷이 두 벌 있다면 한 벌은 입지 않고 묵히게 되므로 옷장만 비만해지기 쉽다.

저장품 목록을 만들어 이중 구매를 방지

	아이템	재고
생활용품	화장지	
	티슈 페이퍼	
	키친타월	
	주방 세제	
	욕실용 세제	
	화장실용 세제	
	랩	
	빨래비누	
	세숫비누	
	샴푸·린스	
식품	간장	
	식초	
	맛술	
	설탕	
	소금	
	식용유	
	말린 식품	
	파스타	
	병조림	
	통조림	
	냉동식품	

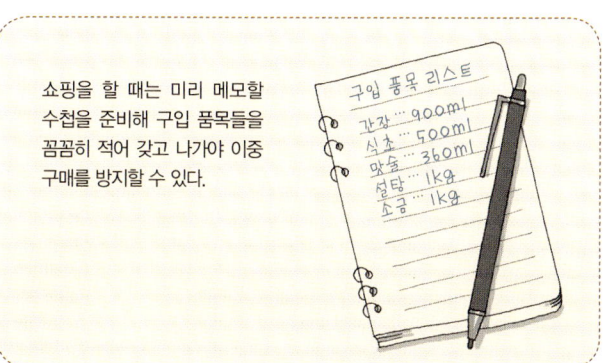

쇼핑을 할 때는 미리 메모할 수첩을 준비해 구입 품목들을 꼼꼼히 적어 갖고 나가야 이중 구매를 방지할 수 있다.

사이즈와 디자인도 재확인

컬러와 디자인이 마음에 들어 구입한 가구가 집에 가져와 배치해 보니 크기가 맞지 않아 곤란을 겪었던 경험이 있을 것이다. 옷이나 구두도 이와 마찬가지다. 쇼핑을 할 때는 분명 마음에 들어 샀는데 막상 사용하려고 보니 사이즈가 맞지 않거나 왠지 디자인이 마음에 들지 않아 그대로 묵혀 두고 있는 것들도 꽤 있을 것이다. 옷이나 구두는 구입 전 반드시 착용해 보고 사이즈가 잘 맞는지, 불편한 곳은 없는지, 싫증 내지 않고 오래 입을 수 있는 아이템인지 꼼꼼히 확인하도록 한다. 가구류는 디자인도 중요하지만 사이즈가 관건이므로, 다자인이 마음에 든다고 덥석 구입하지 말고 1mm의 오차도 없이 사이즈를 확인하는 작업이 필요하다.

사용 범위는 어느 정도인가?

살림살이를 최소한으로 줄여 생활하기 위해서는 한 가지 아이템을 다양한 용도로 사용하는 것이 포인트. 식기를 예로 들면 양식과 중식에 대비해 따로 장만하는 것이 아니라 양식에도 중식에도 어울릴 수 있는 식기를 고르면 수납장이 한층 넉넉해질 수 있다. 옷도 마찬가지로 백과 구두에 각기 어울리는 것을 장만하기보다는 어느 소품과 매치해도 두루 어울릴 수 있는 것을 고르면 경제적으로도 절약할 수 있다. 쇼핑을 할 때마다 갖고 싶은 물건이 어느 정도 멀티 플레이어 역할을 할 수 있는지 한번쯤 생각한 후 구입하는 것은 어떨까?

의상 구입 전 체크해야 할 15가지

- 같은 색, 무늬, 디자인의 옷이 없는가
- 갖고 있는 옷과 구두, 가방과 잘 어울리는가
- 단추가 모두 잠가지는가
- 웅크리고 앉아도 불편하지 않는가
- 팔을 편하게 돌릴 수 있는가
- 어깨선이 맞는가
- 거울로 뒷모습을 확인했는가
- 밑단과 구두의 밸런스는 좋은가
- 촉감이 좋은가
- 집에서 세탁할 수 있는가
- 다림질이 필요한가
- 주름이 쉽게 생기지 않는가
- 수납 장소가 있는가
- 입을 기회가 많은가
- 마무리 손질이 잘 되어 있는가

Lesson 3 '반짝 정리'를 습관화하라

'제자리에 갖다 놓는 것'이 수납의 기본

수납의 '달인'은 작은 습관에서부터 시작된다. 시간이 없어서, 공간이 부족해서 등의 이유로 늘 집 안을 어질러 놓고 사는 사람들은 우선 작은 습관부터 실천해 보자. 즉, 자신이 사용한 물건은 곧바로 제자리에 갖다 놓는 것이다. 처음엔 귀찮게 여겨질 수도 있겠지만 매일 조금씩 약간의 짬을 내서라도 제자리에 갖다 놓는 습관을 들인다면 어느새 당신도 수납의 달인이 되어 있을 것이다.

'다음에…'는 금물! 그 자리에서 정리하는 습관을

어질러 놓은 물건을 보면 '치워야지…' 생각하면서도 다음으로 미루는 경우가 적지 않다. 바로 이 '다음에…'가 정리를 가로막는 원인이다. 시간이 없고, 공간이 부족하더라도 마음속에 '치워야겠다'는 의지만 있으면 어떤 불리한 조건도 문제가 되지 않는다. 수납을 방해하는, 다음으로 미루기만 하는 게으른 성격을 고치기 위해서라도 사용한 물건은 반드시 그 자리에서 정리하는 습관을 들인다.

시간을 응용하는 방법을 마스터하면 어떤 상황에서도 쾌적한 생활을 누릴 수 있다.

'불과 5분!' 촌음과 같은 짧은 시간을 현명하게 이용

'반짝' 정리에 필요한 것은 불과 5분의 시간이다. 아무리 바쁘게 생활하더라도 마음만 먹으면 하루에 5분의 여유를 내지 못하는 사람은 없을 것이다.

'5분으로 무슨 정리를 할 수 있느냐'고 의문을 제기한다면, 그것은 착각에 불과하다. 수납은 시간이 많이 걸리는 경우도 있지만 단, 1분이면 끝나는 경우도 있다. 가령 신발장을 정리하는 데는 많은 시간이 필요할 수 있어도 현관에 놓여 있는 신발들을 신발장 안에 집어넣는 것은 순식간에 끝낼 수 있다. 중요한 것은 수납에 대한 스스로의 의지다. 이 의지에 따라 단순히 신발을 신발장에 넣은 것뿐인데, 현관이 주는 첫인상은 하늘과 땅 차이만큼 다르게 나타난다. 때문에 조금이라도 쾌적한 환경에서 살고 싶다면 단 5분에 불과한 시간이라도 현명하게 사용하는 지혜가 필요하다.

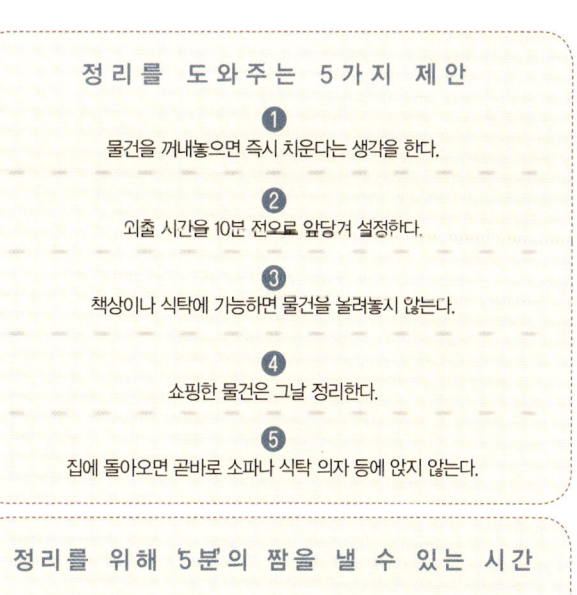

정리를 도와주는 5가지 제안

❶ 물건을 꺼내놓으면 즉시 치운다는 생각을 한다.

❷ 외출 시간을 10분 전으로 앞당겨 설정한다.

❸ 책상이나 식탁에 가능하면 물건을 올려놓지 않는다.

❹ 쇼핑한 물건은 그날 정리한다.

❺ 집에 돌아오면 곧바로 소파나 식탁 의자 등에 앉지 않는다.

정리를 위해 5분의 짬을 낼 수 있는 시간

- 아침에 일어나는 즉시
- 세탁 중
- 외출 전
- 귀가 후 즉시
- TV를 보면서
- TV 광고 중이거나 시청할 프로그램이 시작할 때까지
- 주전자 물이 끓을 때까지
- 욕조에 목욕물이 찰 때까지
- 취침 전

5분 이내에 할 수 있는 '반짝 정리'에는 무엇이 있을까?

컴퓨터의 불필요한 파일을 정리한다

흩어져 있는 신문이나 잡지를 정돈한다

버릴 우편물과 보관할 것을 추린다

책상 위에 어질러 놓은 문구류를 정리한다

리모컨을 제자리에 갖다 놓는다

CD나 DVD를 지정된 케이스에 꽂는다

지갑 안에 있는 영수증 등을 정리한다

아이가 받아온 프린트물을 체크한다

식탁에 널려 있는 식기들을 싱크대에 갖다 놓는다

물 빠짐이 끝난 식기를 선반에 올린다

냉장고에 넣어둔 식품의 유효 기간을 체크한다

벗어 놓은 양복을 옷걸이에 건다

거실에 널려 있는 아이들 가방을 제자리에 건다

소량의 세탁물을 갠다

현관에 어질러져 있는 구두를 신발장에 집어넣는다

화장대 위에 널려 있는 화장품을 제자리에 정돈한다

낡은 구두나 양말을 처분한다

Lesson 4
라이프스타일에 맞춰 합리적인 정리 스케줄을 짜라

꼼꼼하게 정리 계획을 세우고 정기적으로 체크

집 안에 물건을 쌓아 두지 않기 위해서는 정기적으로 불필요한 물건들을 체크하고 처분하는 습관을 들이는 것이 중요하다. 우선 정리 스케줄을 짜는데, 1일·1주일·1개월 등의 정해진 기간에 따라 해야 할 일을 적어 놓고, 계획은 반드시 실천에 옮기도록 한다. 단, 처음부터 무리하지 말고 자신이 할 수 있는 범위 내에서 계획을 짜는 것이 포인트.

옷장이나 이불장 등 대형 수납공간은 한 번에 일을 끝내기보다는 정기적으로 체크해 나가면서 정리할 것. 이 원칙을 지키면 스트레스도 덜 받고 일을 빨리 끝낼 수 있다.

계획을 제대로 지키지 못할 경우 실천할 수밖에 없는 상황을 끼워 놓자

원래 계획이란 짜기는 쉬워도 지키기는 어려운 법. 정리도 이와 마찬가지다. 만약 계획은 화려한데 실천이 허술하다면 의식적으로라도 물건을 정리할 수밖에 없는 상황을 만들어 놓는다. 예를 들어 쓰던 물건을 기부할 수 있는 곳을 찾아 정기적으로 보내준다는 신청서를 작성하거나 한 달에 한 번 이상 집에 손님을 초대하여 물건을 정리하는 기회를 갖는 것이다. 이런 경우 처음에는 상황에 밀려 어쩔 수 없이 하게 되지만 자꾸 하다 보면 습관이 되어 나중에는 계획대로 실천에 옮기는 것이 어렵지 않게 될 것이다.

의식적으로라도 자주 집 안을 정리할 수밖에 없는 상황을 만들어놓으면, 어떤 장소의 물건을 어떻게 치울 것인지 분명하게 알게 되어 일 처리가 빨라진다.

타임별 정리 스케줄

1일	하루 5분 정리로 그날 할 일을 다음 날로 미루지 말 것	● 사용한 물건은 그날 제자리에 갖다 놓는다. ● 우편물은 받은 날 버릴 것과 보존할 것을 추린다. ● 쇼핑한 물건은 그날 정리한다. ● 의류와 구두는 냄새와 습기를 제거한 후 다음 날 수납한다. ● 컴퓨터와 이메일을 체크한다.
1주일	정리할 기회를 놓친 물건을 수납·정돈하고, 저장 용품을 체크	● 미처 정리하지 못한 옷이나 구두를 수납한다. ● 저장 식품과 냉장고에 넣은 식품의 유효 기간을 체크한다. ● 세제나 화장지 등의 재고를 체크한다. ● 신문이나 잡지에서 필요한 부분을 잘라 스크랩한다. ● 은행에 입금해야 할 카드 대금 고지서 등이 없는지 체크한다.
1개월	불필요한 물건을 쌓아놓고 지내는 것은 아닌지 꼼꼼히 체크	● 기후 변화에 맞춰 의류를 교체한다. ● 더 이상 사용하지 않는 일용품이나 옷들을 처분한다. ● 냉동 식품의 남은 양과 유효 기간을 체크한다. ● 오래된 신문은 처분한다. ● 보관할 잡지와 버릴 잡지를 추려놓는다. ● 카드 명세서 등을 확인한 후 정리한다.
6개월	물건의 소비 기한을 체크하고 계절 용품을 교체	● 여름옷과 겨울옷, 침구류 등을 교체한다. ● 손님용 이불을 건조시켜 수납한다. ● 처분을 망설이고 있는 물건의 필요·불필요를 결정한다. ● 조미료, 저장 식품, 화장품의 유효 기간이나 상태를 확인한다. ● 서비스 쿠폰이나 포인트 카드의 유효 기간을 체크한다. ● 샘플 화장품을 체크하고 사용하지 않는 제품은 버린다.
1년	필요·불필요를 판단하여 버릴 것은 남김없이 처분	● 1년 동안 입지 않은 의류나 사용하지 않는 생활용품의 필요·불필요를 판단하며 정리한다. ● 더 이상 읽지 않는 책이나 잡지는 처분한다. ● 옷장, 이불장, 찬장 속에 있는 사용하지 않는 물건을 체크한다. ● 비슷한 종류의 식기들이 너무 많지 않은지 체크한다. ● 타월이나 침구류 등의 상태를 점검한다. ● 자동차 용품이나 식품의 유효 기간을 확인한다.

Lesson 5 수납 장소는 늘 청결하게 유지하라

냉장고는 파트별로 나눠서 청소

물건을 오랫동안 깨끗하게 보존하기 위해서는 수납 장소의 청결이 최우선이다. 특히 수시로 사용하는 냉장고는 위생 관리가 절대적으로 중요하다. 냉장고 청소를 할 때는 선반, 도어 포켓, 채소실 등 파트별로 나눠서 청소하는 것이 좋다. 안의 내용물을 조금씩 밖으로 꺼내 청소하면 부담도 적고, 음식물을 오랫동안 상온에 두지 않아도 되기 때문에 상할 염려가 없다. 냉장고의 오염을 제거할 경우, 물로 닦으면 잡균 번식의 우려가 있으므로 소독용 에탄올을 마른 행주에 묻혀 닦아준다. 통째로 분리할 수 있는 선반이나 채소실 박스 등은 냉장고에서 꺼내 주방용 세제로 닦은 후 완전히 건조시켜 사용한다.

이불장이나 신발장은 맑은 날 청소

이불장이나 신발장은 그대로 두면 정리하기가 더욱 귀찮아지는 공간이다. 이불장은 1년에 1회, 신발장은 1개월에서 3개월에 한 번 정도 정리하는 습관을 들인다. 단, 습기가 많은 날은 피하고 반드시 청명한 날을 택해서 정리하는 것이 원칙이다.

청소는 안의 내용물을 모두 밖으로 꺼낸 다음 흙과 먼지 등을 제거하고 마른 헝겊과 물에 적신 헝겊을 꼭 짜서 깨끗이 닦아준다. 이때 곰팡이가 핀 곳이 있는지 체크하고 이불이나 신발에 곰팡이가 핀 것이 있으면 처분하거나 곰팡이를 확실하게 제거한 다음 사용한다. 이불장과 신발장의 내부가 완전히 마르면 다시 내용물을 수납한다.

100% 청결 청소 포인트

냉장고
- 음식물을 밖으로 꺼낸 다음, 오염된 부분을 소독용 에탄올을 마른 헝겊에 묻혀 깨끗이 닦아준다.
- 시간적 여유가 있으면 선반, 달걀 수납함, 채소실 박스 등 분리가 가능한 부품들을 꺼내 물과 주방용 세제로 닦은 뒤 완전히 건조시킨다.
- 냉장고 아래위, 뒷부분의 먼지를 제거한다.
- 도어의 고무 패킹은 물행주와 마른 행주로 닦은 뒤, 헤어드라이어로 충분히 말려준다.

이불장·신발장
- 반드시 청명한 날을 택해 청소한다.
- 내용물을 모두 밖으로 꺼낸 다음, 먼지와 흙 등을 털어내고 마른 헝겊과 물에 적셔 꼭 짠 헝겊으로 닦아준다.
- 곰팡이가 핀 곳은 깨끗이 닦아낸 후 소독하고, 곰팡이가 핀 이불이나 구두는 버리거나 완전히 제거한 후 사용한다.
- 제습 대책을 세운다.
- 문과 손잡이도 깨끗이 닦아준다.

수납의 천적! 곰팡이 대책 3가지

곰팡이가 핀 물건은 즉시 처분할 것 곰팡이가 핀 구두나 옷, 침구류 등은 즉시 버리는 것이 좋다. 만약 버릴 수 없다면 물건의 소재에 따라 곰팡이를 확실히 제거한 후 사용한다. 가령 곰팡이가 핀 구두를 물로 씻는 것은 곰팡이를 증식시키는 원인이 되므로 NG.

곰팡이가 생기는 뿌리 부분까지 확실히 제거 곰팡이는 뿌리 부분을 갖고 있으므로 근원부까지 확실하게 없애야 한다. 곰팡이 제거제나 소독용 에탄올을 뿌린 뒤에는 즉시 닦아내지 말고 한동안 방치한 후 닦아내야 뿌리 부분까지 제거할 수 있다. 닦아낸 헝겊은 빨아서 사용하지 말고 즉시 버린다.

습기를 제거 곰팡이 대책의 기본은 환기다 곰팡이가 피기 쉬운 곳은 선풍기 등을 사용하여 환기를 자주 시켜주고, 방습제를 사용하는 것이 좋다. 특히 수납 물건이 많은 이불장이나 옷장은 항상 습기가 차지 않도록 만전을 기할 것.

All about Storage

작은 집 두 배 넓게 쓰는
수납이 좋아

초판 1쇄 인쇄 2011년 1월 10일
초판 10쇄 발행 2011년 7월 20일

지은이_문화출판국 편집부(일본)
펴낸이_김우연, 계명훈
기획ㆍ진행_f.book 김수경, 김연, 최윤정
마케팅_함송이, 김미영
번역ㆍ교정_김혜정
디자인_Design group ALL(02.776.9862)

펴낸 곳_ for book
주소_서울시 마포구 공덕동 105-219 정화빌딩 3층
판매 문의_02-753-2700(에디터)
출력_타임출력
인쇄_미래프린팅

출판 등록_ 2005년 8월 5일 제 2-4209호

값 12,000원
ISBN 978-89-93418-26-2-13590

본 저작물은 for book에서 저작권자와의 계약에 따라 발행한 것이므로
본사의 허락 없이는 어떠한 형태나 수단으로도 이 책의 내용을 이용할 수 없습니다

※잘못된 책은 바꾸어 드립니다.